黄金律新書

究極の海外不動産投資

内藤 忍 + GTAC
Naito Shinobu + GTAC

JN284070

THE GOLDEN RULE

GENTOSHA
幻冬舎MC

はじめに

１０００兆円を超える膨大な財政赤字、超高齢化社会における社会保障費の増大、企業の海外進出に伴う国内産業の空洞化……。日本で資産を持ち続けることに不安を抱く人が増えてきています。現に一部の資産家のあいだでは、資産の新たな運用先を求め、海外不動産に投資する動きが活発になってきています。

海外不動産投資の最大の魅力は、何と言っても海外の国や地域が持つ成長力に投資できることです。

日本では、２００６年から人口の減少が始まり、国内市場のパイは縮小を続けています。低成長から抜け出せない状況にある中で、不動産や金融資産を国内に持っていても、その価値が下がるリスクは確実に高まっています。かたやアジアの新興国に目を向けると、そこには人口増加に後押しされた力強い成長があります。国の経済が成長すれば、おのずと不動産の価値が上がるのは歴史が証明しています。

不動産の価値が上がるのは、新興国だけではありません。例えばアメリカは成熟した先進国であるにもかかわらず、さらなる人口増加が予想され、さらにシェールガス革命などで経済は活況を呈しています。不動産市場も底入れし、価格はふたたび上昇しはじめているのです。

それでは、成長力のある国の不動産を買いさえすればいいのかといえば、話はそう単純ではありません。海外不動産とひとくくりに言っても、投資の目的に合わせて国を選ばなければなりませんし、厄介なことに国によって、投資の方法が変わってきます。それぞれの国のメリット、デメリットをしっかりと押さえておかなければなりません。

例えば新興国では、新築のコンドミニアムをプレビルドと呼ばれる完成前の状態で購入するケースが多くあります。完成後の賃貸収入によるインカムゲインと将来の値上がり益によるキャピタルゲインという、2つの収益を狙うことができます。価格も手ごろで大きな利益が期待できる物件が多い反面、リスクも高くなります。

一方、先進国での不動産投資の場合は、新築だけでなく中古物件も視野に入れます。築年数の古い物件の償却でタックスメリットを狙ったり、コストをかけてリノベーションすることで、物件価値を上げてキャピタルゲインを得るなど、新興国とは異なる投資戦略が有効です。資産を手堅く守っていきたい人に向いていると言えるでしょう。

このように、海外不動産投資では、それぞれの国の違いを正しく認識し、自分の目的にふさわしい国の不動産に、それぞれの国に合わせた方法で投資する「戦略」が欠かせません。そのような戦略を持ったときにはじめて、海外不動産投資が持つ、インカムゲイン、キャピタルゲイン、タックスメリットという3つのメリットを享受できることになるのです。私はそれを、本書のタイトルにもなっているとおり、「究極の海外不動産投資」と呼んでいます。

本書では、先進国としてアメリカ、新興国としてマレーシア、タイ、フィリピン、カンボジアを中心に、それぞれの国の魅力やターゲットとすべき地域、物件の特徴などを、それぞれの地域の専門家の意見を集積してまとめました。また、各国の不動産投資にかかる手続きや税金についても、網羅的に説明しています。さらに、海外不動産投資の3つのメリットをどうすれば最大化できるのかを、投資に対する考え方や実際のケースを交え、できるだけわかりやすく解説しました。

これからは、資産運用だけではなく、あらゆる分野において国境の壁が確実に低くなっていきます。ビジネスでも、教育でも、海外と一体化する流れは急速に進んでいます。国境の壁が低くなるということは、それだけチャンスが拡がることを意味します。つまり海外不動産投資は、皆さんの資産形成のチャンスを拡げる「究極の武器」になり得るのです。

本書を活用して、新しい資産運用の世界にチャレンジしてみてください。

究極の海外不動産投資　目次

第2章　極限までリスクを抑えリターンを取りにいく……49

第3章　先進国不動産投資では収益と節税を狙え

本書に記載された情報に関しては万全を期していますが、内容を保証するものではありません。また、本書の内容は著者の個人的な見解を解説したものであり、著者が所属する機関、組織、グループ等の意見を反映したものではありません。本書の情報を利用した結果による損害、損失についても、出版社、著者並びに本書制作関係者は一切の責任を負いません。投資の判断はご自身の責任でお願いいたします。

第1章　海外不動産投資なしには資産は残らない時代に

問題だらけの日本人の資産構造

私は、2011年にアメリカのフロリダ州でコンドミニアムを購入し、海外不動産投資を開始しました。さらに2013年には、アメリカ（テキサス州）、マレーシア、カンボジアの3カ国で不動産を購入しました。そして、2014年もさらに別のエリアで投資をしようと考えています。このように海外投資を加速させている理由は、日本人を取り巻く、マクロ経済環境が大きく変わっていると考えるからです。

また、海外投資の中でも、投資信託のような金融商品ではなく、実物不動産へ資産シフトをしているのにも理由があります。本章ではまず、なぜ海外投資が必要なのか、そして、その中でも実物資産である海外不動産に注目すべき理由について説明します。

まず、現在の日本人の資産構造には大きな問題があります。左ページの図は、日本銀行が発表している個人金融資産の配分状況です。これを見ると日本の個人金融資産の約54％が円の預貯金・現金に、そして約27％が保険・年金になっていることがわかります。つまり、資産の8割以上がリスクを取らない安全資産に配分されていると言えるのです。株式

日本人の資産構造

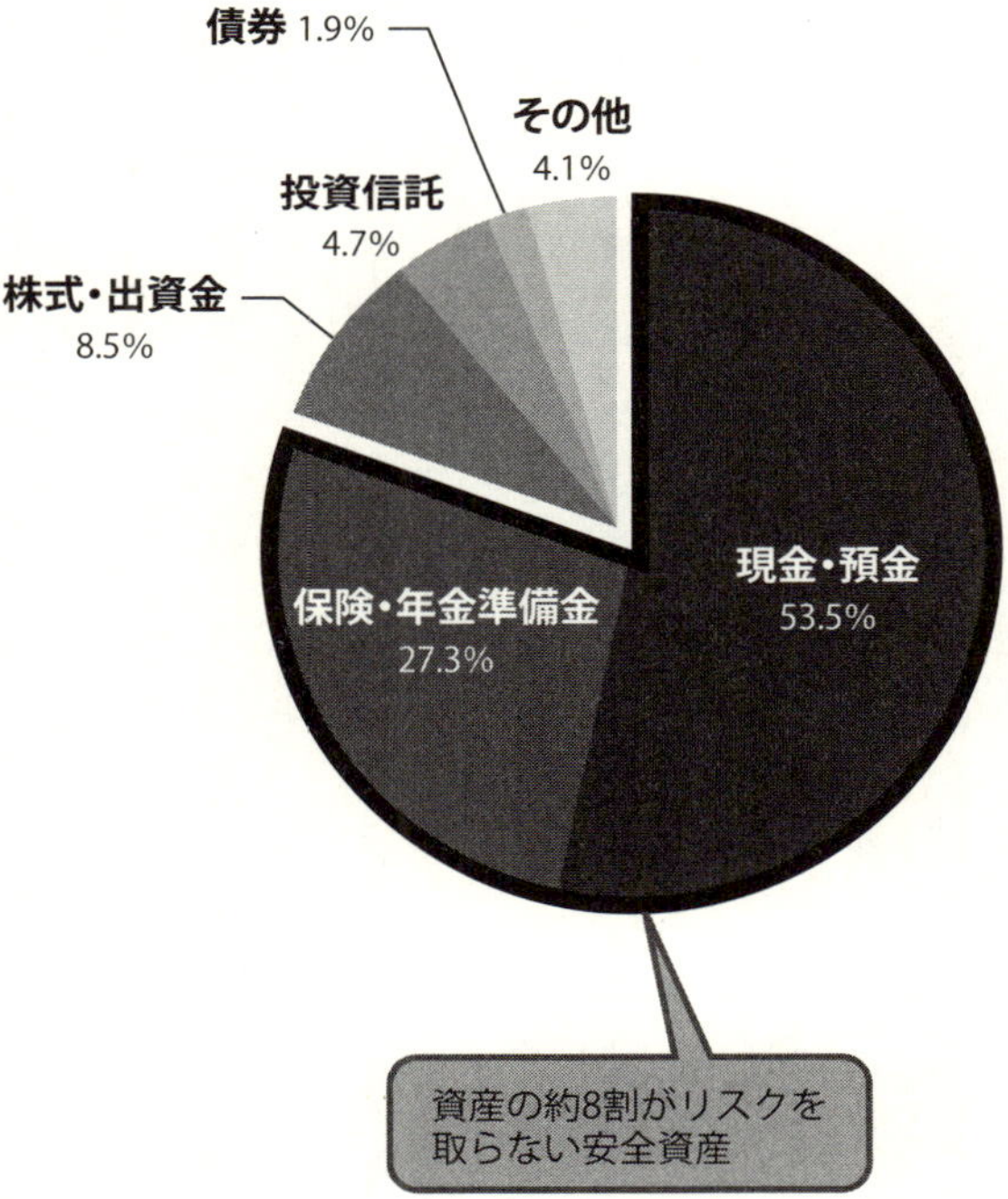

日本銀行『資金循環の日米欧比較』より作成

への投資は、資産全体の10％程度にすぎません。さらに、問題なのは、個人金融資産に占める外貨の比率が極めて低いことです。この図からはわかりませんが、日本人が保有する金融資産の9割以上は円になっています。外貨資産は10％以下にすぎないのです。

円に極端に偏った資産構造は、円高局面では保有している円の価値が他の通貨に対して上昇していくので、資産全体の価値が増えていきます。しかし、円安が進むとどうなるでしょうか。円安とは円の価値が他の通貨に対して下がっていくことですから、資産全体にマイナスの影響があります。

今後、円安になるのか、円高になるのかを予想するのは簡単ではありません。しかし、もし円安か円高かまったくわからない、五分五分というのであれば円資産と外貨資産を半分ずつ保有するのが合理的な資産配分です。

円資産に9割以上偏っているというのは、かなり強い確信を持って円高を予想する人が取るべき資産運用の方法です。しかし、日本人の多くは、将来的には円高ではなく円安を予想しています。円安を予想するのに、円高を確信する資産配分を行っている。思っていることとやっていることが、ズレている危険な状態です。

日本人が抱える「日本リスク」

大多数の日本人は、金融資産の多くを日本円で保有しているだけではなく、日本の企業で働き、日本円で収入を得て、日本でマイホームを購入し、子どもには日本の教育を受けさせています。

このようにお金だけではなく、ライフスタイルすべてが日本という国に集中している状態を、私は「日本リスク」と呼んでいます。しかし、この日本リスクは２０１１年に東日本大震災が起こるまで、日本人の多くには認識されていませんでした。なぜなら、日本に集中させることによるデメリットよりもメリットのほうが大きかったからです。

バブル崩壊後の１９９０年代からの約20年間は、円高、株安、デフレの３点セットが続きました。このような環境下では、今でも多くの日本人が行っているような円の預貯金による資産運用が最もよい結果をもたらしていました。資産だけではなく、仕事、住居、教育など、すべてを日本でという生活が、多くの日本人にとって当たり前だったのです。

しかし、このような日本に集中するライフスタイルには問題があることに、多くの人が気付きはじめました。

　仕事に関しても日本企業はグローバル競争に入り、海外展開を進める企業が増えてきました。また、外国人を採用する企業も増え、社内競争は日本人同士だけのものではなくなっています。賃金は上がらず、雇用を失うリスクも高まっています。日本企業で長年勤務している人の中には、仕事のスキルが陳腐化している人も多く、転職できないリスクも高まっています。

　マイホームもリスク要因のひとつです。日本の地価は全体として低下傾向ですし、住宅ローンの返済も変動金利で借り入れしていれば金利上昇によって、将来の返済額が高まる可能性があります。また、給与の引き下げやリストラによって長期の住宅ローンが返済できなくなるリスクもあります。

　日本の教育も、子育てをしている人にとっては、これからリスクとして認識されてくるでしょう。グローバル化が進む中、国内の大学は少子化によって学生を集められない学校が増え、優秀な学生は海外に行ってしまうという問題も出てきています。世界における日本の大学ランキングを見ると、東京大学でさえ23位にすぎず、他に１００位以内に入って

世界の大学ランキング（2013年）

1位	カリフォルニア工科大学	アメリカ
2位	オックスフォード大学	イギリス
3位	ハーバード大学	アメリカ
4位	スタンフォード大学	アメリカ
5位	マサチューセッツ工科大学（MIT）	アメリカ
6位	プリンストン大学	アメリカ
7位	ケンブリッジ大学	イギリス
8位	カリフォルニア大学バークレー校	アメリカ
9位	シカゴ大学	アメリカ
10位	インペリアル・カレッジ・ロンドン	イギリス
11位	エール大学	アメリカ
12位	カリフォルニア大学ロサンゼルス校	アメリカ
13位	コロンビア大学	アメリカ
14位	スイス連邦工科大学チューリヒ校	スイス
15位	ジョンズ・ホプキンス大学	アメリカ
16位	ペンシルバニア大学	アメリカ
17位	デューク大学	アメリカ
18位	ミシガン大学	アメリカ
19位	コーネル大学	アメリカ
20位	トロント大学	カナダ
⋮		
23位	東京大学	日本
52位	京都大学	日本
125位	東京工業大学	日本
144位	大阪大学	日本
150位	東北大学	日本

Times Higher Education 世界大学ランキング2013をもとに作成

いるのは京都大学（52位）しかありません。

つまり、世界的に見れば、日本の大学で教育を受ける価値はあまりないということです。日本の学歴社会が崩壊すれば、日本の教育システムそのものが、大きなリスクになってくると言えるのです。

このような「日本リスク」から自身を守っていくためには、日本にコミットしている現状をグローバルに分散していくことが重要です。

しかし、分散しようとしても難しいものもあります。

例えば、仕事を日本から切り離そうとしても、外資系企業に転職したり、海外に出て行ってそこで転職したりするのは簡単ではありません。マイホームも仕事の制約や家族の問題がありますし、売却も簡単にはできません。子どもの教育にしても、日本の学校からいきなり、海外のインターナショナルスクールに行かせることができるのは、限られた人だけになるでしょう。

さまざまな日本リスクの中で、すぐにできるのが金融資産の分散です。ですから金融資産の一部を外貨資産に振り向けていくのが大切なのです。

日本を取り巻く環境変化

日本の将来に関して、不安を持つ日本人が増えています。その理由の中で一番大きいのが国の財政問題です。

次ページの図は日本の債務残高の時系列の推移を示したものです。高齢化に伴う社会保障費の増大に伴い、国や地方の財政は悪化が続き、２０１３年には債務残高が１０００兆円を超えていることがわかります。

日本における1年間の税収は、40兆円程度ですから、現在の債務残高は、その25倍の債務に膨らんでいる計算になります。この債務の大きさをたとえて言うならば、年収４００万円の人が1億円の借金をしている状態です。多くの国民が、その借金の返済に大きな不安を感じるのは当然のことです。

また、少子高齢化も進んでいます。

日本はすでに人口減少フェーズに入っており、今は人口が増えている東京でも、オリンピックが開催される２０２０年には人口減少に転じると予想されています。

国の債務残高

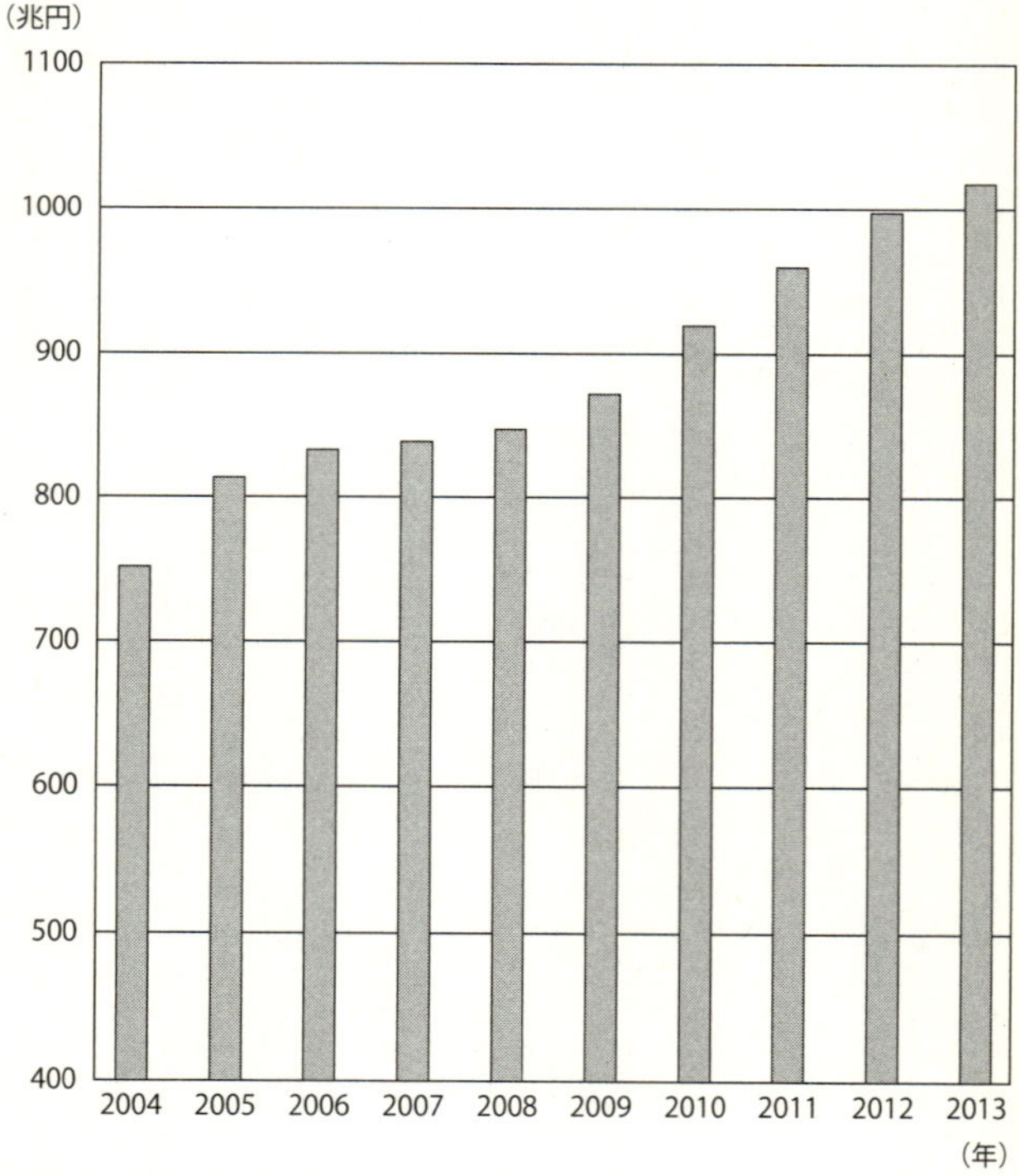

※各年12月末時点の残高
財務省『国債及び借入金並びに政府保証債務現在高』より作成

国連が発表している世界の人口推計のデータを見ると、2065年には、日本の人口は1億人を切ると予想されています。

現在より3割近く人口が減少するのです。

今後人口が増えていくのは先進国では移民を受け入れているアメリカのような国だけになります。第3章で詳述しますが、アメリカの人口は現在約3億人です。しかし、人口は2050年までに4億人に達するとされています。日本が3割人口を減らす時にアメリカでは3割人口が増えるというわけです。

国のGDP（国民総生産）は、労働人口と1人あたりの生産性のかけ算によって決まってきます。人口が減少していくということは、それを補うだけの生産性の向上がなければ、経済成長が止まることを意味するのです。

日本人富裕層にせまる課税強化の包囲網

国の財政状態の悪化を食い止めるために、政府は税制を改定しています。法人税につい

日本の人口推計

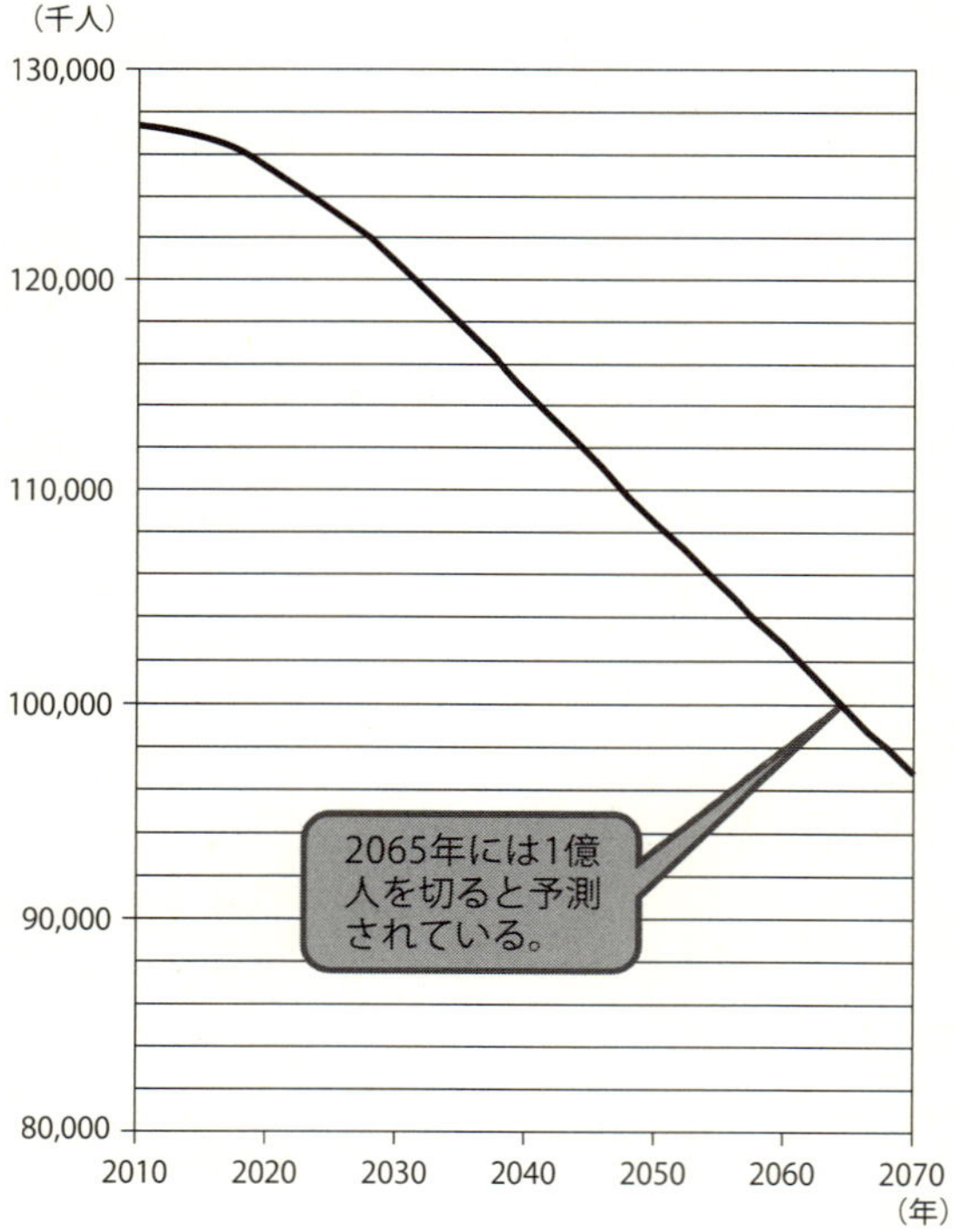

国際連合 "World Population Prospects" より作成

ては、グローバル競争の観点から引き下げの方向を示していますが、個人に対する課税は今後さらに強まると見られます。

２０１４年４月からは、消費税が５％から８％に引き上げられました。

また、所得税や相続税も取れるところから取ろうという方向になっています。例えば、対象所得が増えるにつれて税率も増える累進課税は、日本では所得税、贈与税、相続税などで導入されていますが、今後の税制改正により、所得税や相続税への課税が強化され、所得税は最高税率が40％から45％へ、相続税は50％から55％（６億円超の税率構造を新設）へ引き上げられます。

このように特に富裕層に向けての課税強化が今後進もうとしている中で、海外に脱出することで、日本への納税を回避する人も現れています。

個人に対する課税強化は、多額の税金を払うべき人の海外への流出をもたらし、国の財政をさらに悪化させてしまう恐れがあるのです。

所得税の課税強化に対して、合法的な手段によって対抗する動きも出てきています。例えば不動産の償却を利用することで課税金額を下げることが可能です。特に、法定償却年

所得税の最高税率の見直し（2013 年度改正）

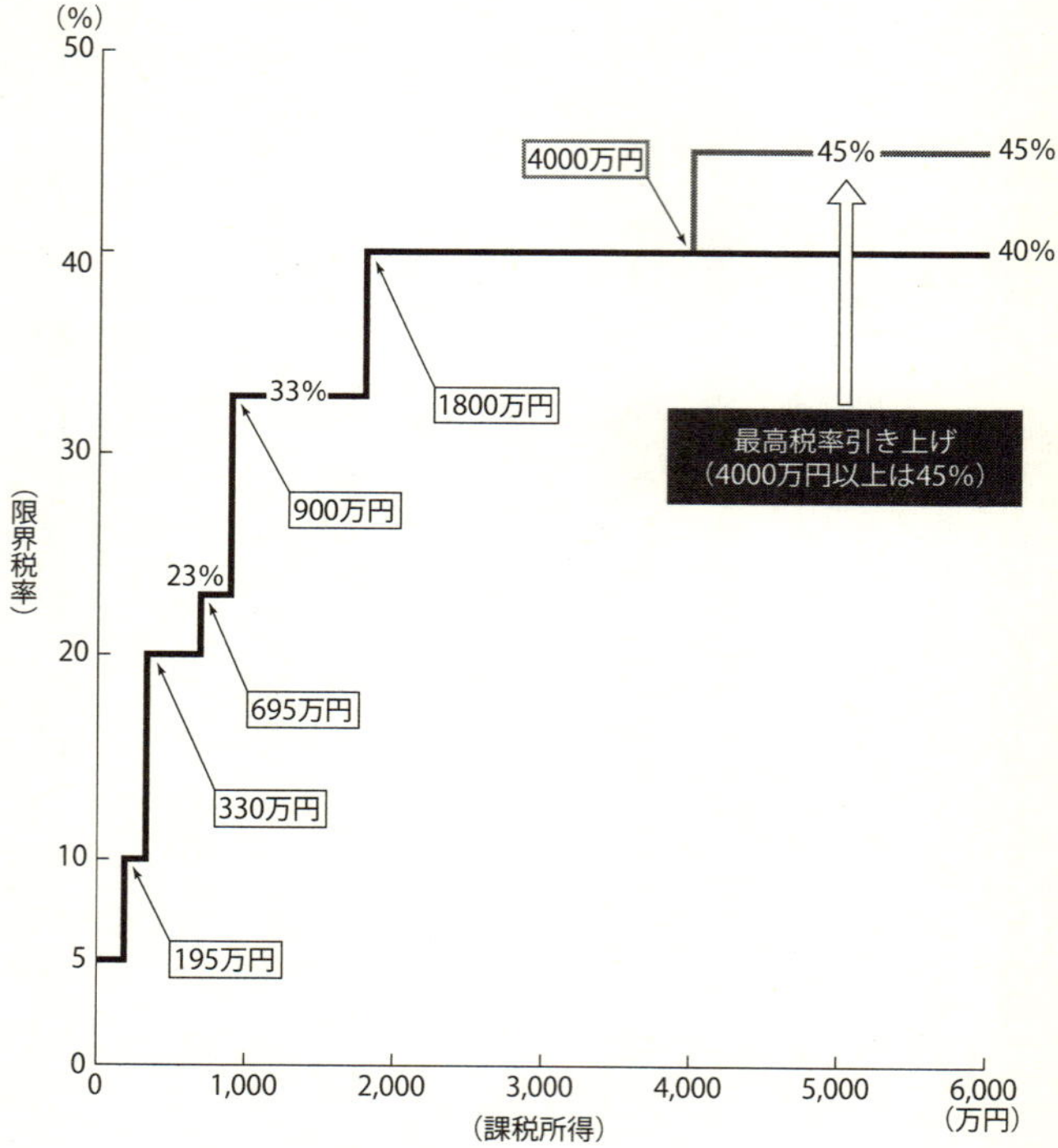

財務省ホームページより作成

数を超えた中古の木造物件を保有した場合、建物部分を4年間で減価償却できる特例が日本の税制では認められています。

海外不動産を保有している場合でも、日本での納税を計算する際にこのような減価償却の特例を戦略的に活用することができるのです（第5章参照）。

資産運用を始める前にやるべきこと

これまでの説明で、海外資産を活用した資産運用の重要性について認識できたと思います。少なくとも金融資産については、円に偏在させるのをやめ、外貨シフトを進めていく必要があります。しかし、外貨による資産運用をいきなり始める前にやるべきことがあります。

私は、資産運用は人生の夢や目標を叶え、豊かに生きるための「ツール」だと思っています。お金は必要な金額だけあればよい。資産運用とは「必要なお金をいかに手間をかけずに効率的に手に入れるかを戦略的に考えること」なのです。

実は、多くの人が自分が必要なお金以上を求めてムダな資産運用をしています。とすれば、資産運用を始める前にまずやるべきことは、自分がいつまでにいくらの資産が必要かという目標金額と達成時期を数値化しておくことです。

なぜなら目標を決めてから資産設計を始めるとお金を殖やす最短距離を見つけることができるからです。

例えば「1億円貯める」といった目標を立てている人は本当に1億円必要なのか冷静に考えてみる必要があります。自分が本当に必要なお金がいくらなのかがわかれば、不必要なお金を殖やすために手間と時間を取られることがなくなります。そうなればお金に振り回される生活から解放されるのです。

また、目標が明確であれば資産運用を続けようというやる気にもつながります。漠然と資産運用している場合に比べ、途中で投げ出してしまうことも少なくなります。

お金は目的ではなく手段

お金はそれ自体が目的ではなく、人生の目標を実現するための手段にすぎません。

お金だけでは目標を実現することはできませんが、一方でお金がないと実現できない目標があるというのも、また事実です。お金がすべてという考え方ではなく、お金との距離を上手に取っていく必要があるのです。

自分に必要な期日や金額を実際に数値化していく上で、その根拠になるのは、自分が何のためにお金が必要なのかという、本当の目的です。

例えば老後の資金にしたい、家を買いたい、留学したい、起業したい……このような目標を実現するために必要なのがお金なのです。

多くの個人投資家は金額や時期を数値化することもなく、とにかく少しでも多く資産を殖やそうといきなり投資を開始します。このようなやり方では資産運用に計画性がなく、長期で効率的に資産を殖やしていくことができないのです。私が提案している「資産設計」のプロセスをまとめると33ページの図のようになります。

まず、最初にやるべきことは、現状認識です。自分を知ることで「今、どこにいるのか」を把握します。そして、次にやるべきなのが、人生の目標の設定です。具体的な目標を設定することによって計画的・戦略的な資産設計が可能になります。

その上で、目標を達成するために必要な「いつまでにいくら」を数値化し、それを達成するための運用戦略を考えていくのが正しい順番です。

目標は人によって異なります。例えば、

- マイホームを建てるために10年後に頭金の５００万円
- 自分のショップを開店するために15年後に１０００万円
- 老後の資金として20年後に５０００万円

といった具合です。正確な金額は多少変動するかもしれませんが、その時にはまた新しい計画に変えればよいのです。

目標の金額と時期が決まったら、それを今持っている資金と将来追加する資金を運用してどのように殖やすのか、具体的な計画を立てていきます。

将来の運用リターンは確実なものではありません。予定よりも早く目標に到達すること

資産設計のプロセス

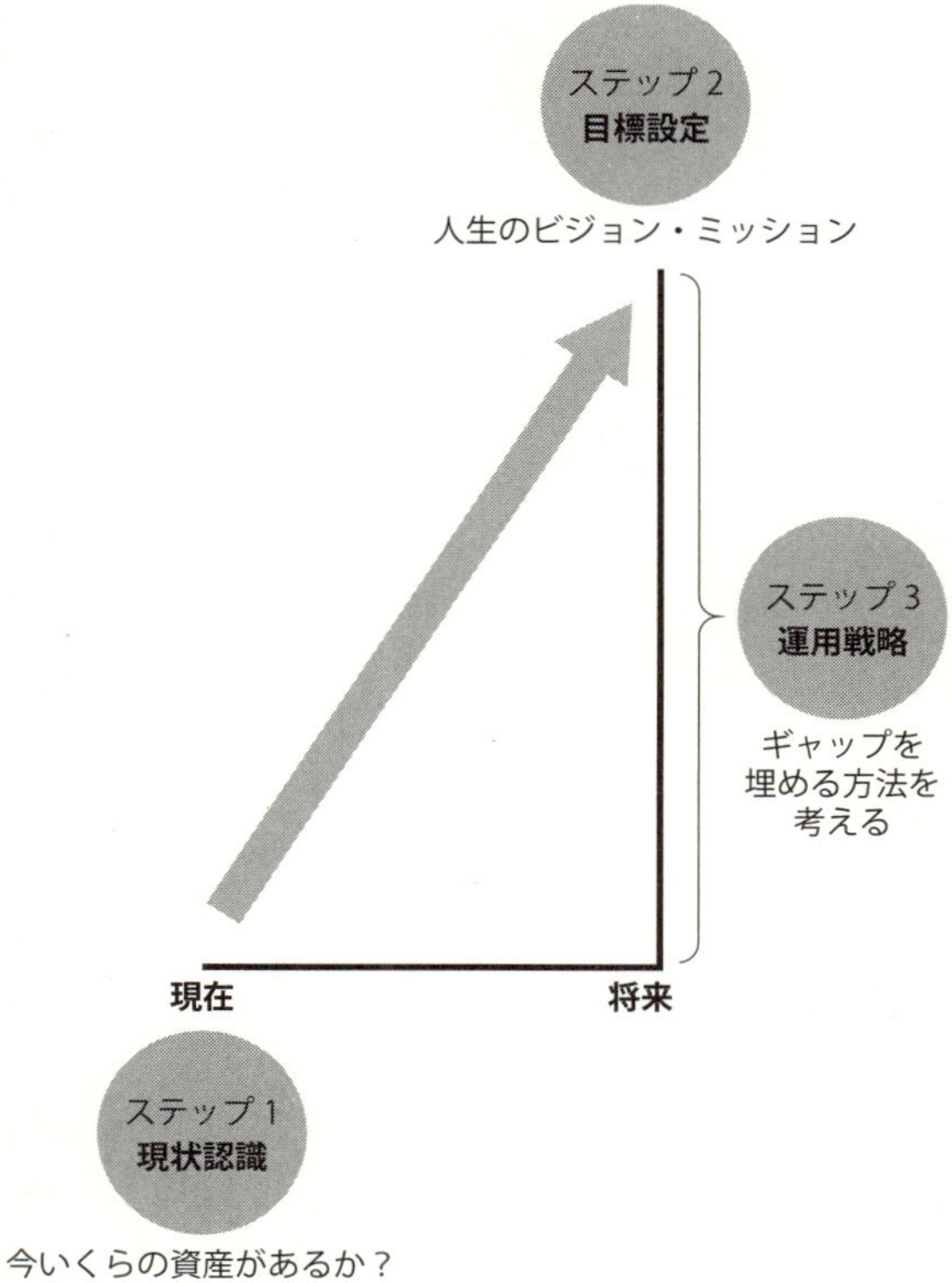
ステップ２
目標設定
人生のビジョン・ミッション
ステップ３
運用戦略
ギャップを
埋める方法を
考える
現在
将来
ステップ１
現状認識
今いくらの資産があるか？

もあるでしょうし、逆に運用がうまくいかず、資産が減ってしまうような事態もありえます。資産運用はこのように計画を立てても不確実な要素が多く、予定通りになることはほとんどないと言ってもいいかもしれません。

それでもこのような具体的な数値を設定することによって、資産運用への取り組みがずいぶん変わります。目標金額が明確になるとやる気が出てきますし、具体化することでどのくらいがんばればよいのかが見えてくるからです。

目標を変えることを恐れない

資産設計のプロセスを実践する上で注意しなければならないのは、目標は変わる可能性がある、ということです。ライフスタイルや考え方、家族構成などが変わったら、目標も柔軟に変更しなければなりません。

つまり、一度つくった目標は守らなければいけないものではなく、その時点で自分に最もふさわしいものでなければならないのです。もし自分の気持ちとズレが生じてきたらその時点で修正をしていくことです。

いったん決めたことを変更するのに抵抗を感じる人がいるかもしれませんが、変えることを恐れてはいけません。常に自分にとってベストのものにしておくことのほうがずっと大切です。

実物資産には金融資産にはない「歪み」が存在する

投資で収益を上げる方法はいろいろありますが、その源泉はアルファ（α）とベータ（β）の２つに分けられます。アルファとは超過収益のこと、そしてベータとは市場の平均値のことです。

例えば、日経平均が10％上昇した時に、自分の投資している株が15％値上がりしたとすると、15％のうち、10％は市場平均から得られたリターン（つまりベータ）であり、５％は市場より高い超過リターン（つまりアルファ）と分解できます。

市場平均のリターンはインデックスファンドを使って運用すれば、誰でも得ることができますから比較的簡単です。しかし、市場平均を超えるアルファというのは、簡単には得られません。

ファンドマネジャーが運用するアクティブファンドと呼ばれる市場平均を上回る運用成果を目標にしたファンドでも、実際にインデックスを上回る運用成果になっているのは半分程度です。

超過リターンを得るためには、市場の「歪み」を見つける必要があります。「歪み」とは誰もまだ気付いていない情報が偏在している状態です。

例えば株式市場には多数の市場参加者が同時に情報にアクセスしています。歪みがどこかに発生してもすぐに誰かに気付かれてしまい、超過収益を得る機会が消えてしまいます。このように、金融の世界は効率性が高く、この歪みを見つけることは簡単ではありません。

歪みから超過収益を狙うアルファというのは、金融商品のようなペーパーアセットより、不動産のような実物資産のほうが得やすいと言えます。取引金額が比較的大きく、また取引コストが高いのと、取引所のような透明性の高い売買の場がないことから、価格に歪みが生じやすいためです。

最近、金融の世界で仕事をしていた人が実物投資の世界へ参入するケースが増えています。外資系金融機関で株式や債券のトレードをしていたような人が、不動産売買を手がけるようなケースです。

この背景には、実物資産投資のほうがアルファによる収益が多く、リターンを上げやすいということがあると思います。割安に放置されているような収益機会があちこちに存在し、金融の世界にはありえないような効率性の低いマーケットになっているからです。

実物資産には、そのようなメリットがある一方、金融商品のようにマーケットで比較的低コストでスピーディに売買できるという利便性はありません。現金化するのに時間とコストがかかりますので、長期間固定してもいい、ある程度の資産を持っている人に限られます。

金融資産と実物資産を組み合わせて保有したほうがよいのは、それぞれの投資対象にメリット・デメリットがあるからです。

実物資産と金融資産の比較

	実物資産	金融資産
流動性	低い	高い
取引コスト	高い	低い
価格の透明性	低い	高い
価格変動率	低い	高い
取引単位	大きい	小さい
投資家層	ローカル	グローバル

資産運用は金融資産と実物資産の「ハイブリッド」で

２０１３年の夏に出版した『貯金が１０００万円になったら資産運用を考えなさい』（ディスカヴァー・トゥエンティワン）では、「金融資産１０００万円までは、ネット証券を使って低コストのインデックスファンドを組み合わせて運用し、金融資産が１０００万円を超えてきたら、実物資産への投資の研究を始めるべき」と提唱しました。これは私自身が実践してきた金融資産と実物資産、それぞれのメリットを上手に活用する手法です。

金融市場は、効率性が高い市場と言えます。このような市場においては、市場平均を狙ったインデックス運用によって平均点を確実に取りにいくのが合理的です。具体的には、信託報酬が年間１％以上かかるような高コストのアクティブファンドは使わずに、年間０・４～０・６％のインデックスファンドを組み合わせて運用します。市場の成長を自分の資産が享受できるように、マーケット全体に幅広く資産を配分して、平均的な上昇率を取りにいく方法です。

投資信託の積立を使えば、今は資産があまりない人でも少しずつ残高を積み上げていく

金融資産 1000 万円までのアセットアロケーション例

■標準的な資産配分

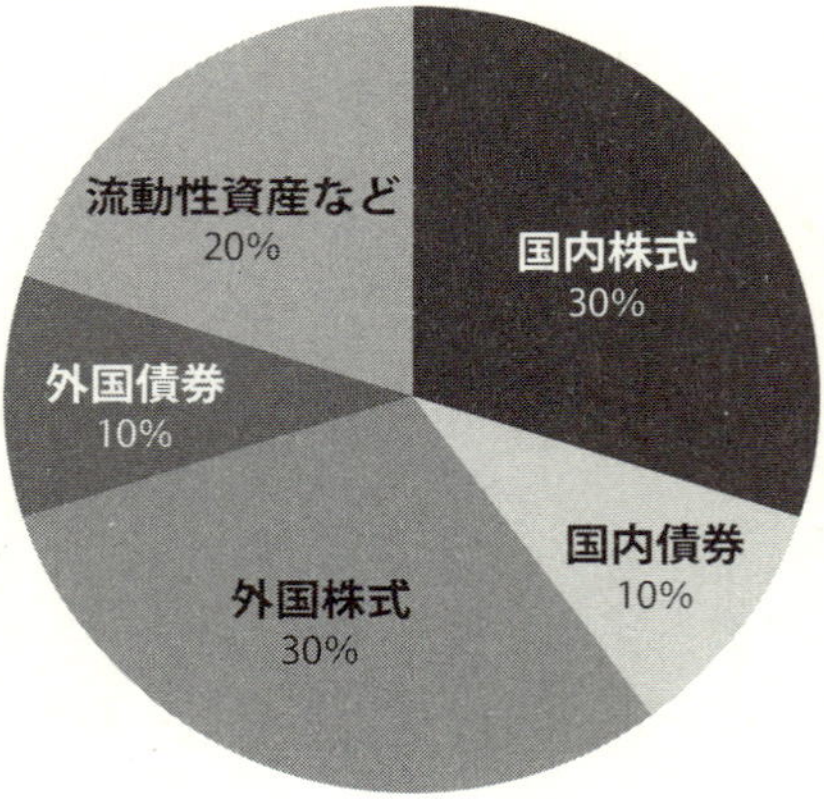

■組み入れ商品例

資産の種類	比率	商品名
国内株式	30%	SMT TOPIX インデックスオープン
国内債券	10%	SMT 日本債券 インデックスオープン
外国株式	30%	SMT グローバル株式 インデックスオープン
外国債券	10%	SMT グローバル債券 インデックスオープン
流動性資産など	20%	MRF SMT グローバル REIT インデックスオープン

ことができます。２００５年に初版を刊行した『内藤忍の資産設計塾』（自由国民社）では、金融資産によるアセットアロケーション（資産配分）の重要性を指摘しましたが、標準的な資産配分方法として、右ページ図のような比率を提案しています。

金融資産と比べて、不動産のような実物資産は、市場の効率性が低いと言えます。取引コストの高い市場なので、銘柄を調査して吟味し、長期運用するという観点から見えてくる市場の「歪み」と、そこから生じる割安な投資対象を見つけていくことに価値があるのです。金融資産１０００万円を超えたら考えるべき投資対象です。

マネー雑誌を見るといまだに、株式の銘柄選択や投資のタイミングのことばかり書いてあります。確かに「これからの注目銘柄１００」「年末の日経平均はいくら？」といった記事を読むのは楽しいものです。しかし、そんな情報を使って、長期で資産は殖えるのでしょうか？　私は、時間をかけても報われない投資をするぐらいなら、その時間を自分のやりたい別のことに使ったほうがいいと思っています。

本書では、実物資産にフォーカスし、実物資産の中でも海外不動産に関する具体的な投資方法を説明していきます。

なぜ、海外不動産投資なのか？

日本国内の不動産への投資を手がけている人は珍しくありません。例えば、外資系企業に勤めている私の友人の何人かは、本業からの収入をカバーするために不動産を使った資産運用をしています。日本の不動産はローン金利が低いことから、ローンを組んでレバレッジをかけやすいという利点があります。

しかし、日本には人口減少という大きな問題があり、全体として住宅に対する需要は減少していくことが予想されます。したがって、長期的には物件やエリアによって賃貸市場に大きな格差が発生すると考えられ、投資対象の選択が非常に難しいというのが現実です。

つまり日本の不動産マーケットは全体で見れば、ベータによる収益がマイナスになる可能性があり、個別の物件からアルファを得ることができたとしても、トータルで収益を得るのが難しいと考えられるのです。

たとえて言えば、日経平均が下がっている市場で日本株の個別銘柄を選択するのと同じです。いくら銘柄選択能力があっても、全体が下がっている中で収益を上げるのは困難で

国内不動産投資と海外不動産投資の比較

	国内	海外
マクロ環境	人口減少	人口増加
利回り	比較的高い	地域差あり
ローン金利	低い	高い
為替リスク	なし	あり
語学力	不要	ある程度必要

す。逆に、日経平均が上昇している相場であれば、銘柄選択能力に劣っている場合であってもそれなりの収益を上げることができます。

不動産には価格が歪んだ状態が放置されているケースが珍しくありませんが、国内不動産よりも、海外不動産のほうがその歪みを収益に結び付けやすいと言えます。

海外不動産投資の3つのメリット

海外不動産投資のメリットについてまとめると、キャピタルゲイン、インカムゲイン、そしてタックスメリットの3つに集約できます。

①キャピタルゲイン

成長性の高いエリアの不動産を取得することによって、将来の値上がりから得られる収益です。新興国の経済成長率は、先進国に比べ一般に高くなっています。本書で取り上げる投資対象国を例に取れば、フィリピンやカンボジアは6～7%台の成長率、タイやマレーシアでも4〜5％程度の成長率は今後も期待できます。また、先進国の中でもアメリカは、州によって地域差がありますが、一般に南部の州のほうが人口増加と成長率が高い傾向にあります。私が注目しているアメリカのテキサス州も、成長率は3％程度あります。

あるいは、中古物件を購入し、リノベーションを行うことによって物件価値を高め、値上がり益を狙う方法もあります。海外の不動産の場合、家賃収入から物件価格を算出する場合が多く、家賃収入アップによる物件価値向上という方法でキャピタルゲインを実現することができるのです。

②インカムゲイン

購入した物件を賃貸に出すことによって、家賃収入から得られる収益です。海外不動産のインカムゲインの特徴として、家賃収入が将来的に上昇する可能性があることが挙げられます。インフレが進み、所得水準が上がるにつれ、家賃も上昇していくのは新興国では珍しいことではありません。また、先進国においても、賃貸住宅の需給がタイトになると家賃が引き上げられることがあります。通常1年単位で賃貸契約が更新されますので、その際に家賃の見直しをすることが可能です。

③タックスメリット

不動産投資の他の資産にはない特徴として、減価償却があります。これは購入した不動産の建物部分を法律で定められた年数によって費用として計上できる税制上の取り扱いです。特に、築年数が22年を超えた中古木造建築物の場合、4年間で償却することが認められています。減価償却費用は給与所得による課税対象額と相殺できますので、所得の大きな人にとっては節税メリットとなるのです。

ここまで説明してきたように海外不動産投資は、日本人のこれからの資産運用の投資対象としてもっと注目されるべきだと思います。しかし、日本国内では海外不動産投資に関する正確な情報がなかなか得にくく、投資をしたくてもどうやって投資対象を見つけたらよいのかもわからないというのが現状です。

次章では、海外不動産投資の投資対象の見極め方について、詳しく説明していきます。

海外不動産投資3つのメリット

メリット1

キャピタルゲイン

成長性の高い国や地域の不動産を取得することで、将来の値上がり益が狙える。

メリット2

インカムゲイン

国や地域経済の成長に伴いインフレや所得水準が上昇し、家賃収入の上昇が狙える。

メリット3

タックスメリット

購入不動産の建物部分の減価償却で、所得税の節税が狙える。

第2章　極限までリスクを抑えリターンを取りにいく

まずは海外エリア別のリスクとリターンを理解する

本章では、海外不動産投資の物件選択のプロセスについて説明します。前章でも説明したように、資産運用においてはまず投資の目的を明確化し、それに合った投資対象を選択することが重要です。そのためには投資対象にどのようなリスクがあって、その対価としてどの程度のリターンが期待できるのかを把握する必要があります。海外不動産投資と言っても、投資エリア、投資対象によってリスクやリターンは大きく変わってきます。

海外不動産投資はリスクのある投資ですが、そのリスクは投資対象国によって異なります。金融の世界では「フリーランチ（タダ飯）はない」とよく言われます。リターンが期待できるエリアはリスクも高いということです。リスクが低くてリターンが高いといったうまい話は存在しないのです。

例えば、先進国と新興国を比較すれば先進国のほうが法整備が進み、投資対象へのリスクは一般に低くなります。新興国は値上がり益や利回りで高いリターンを期待することができますが、その反面リスクも大きいと言えるのです。

国別のリスクとリターン（イメージ）

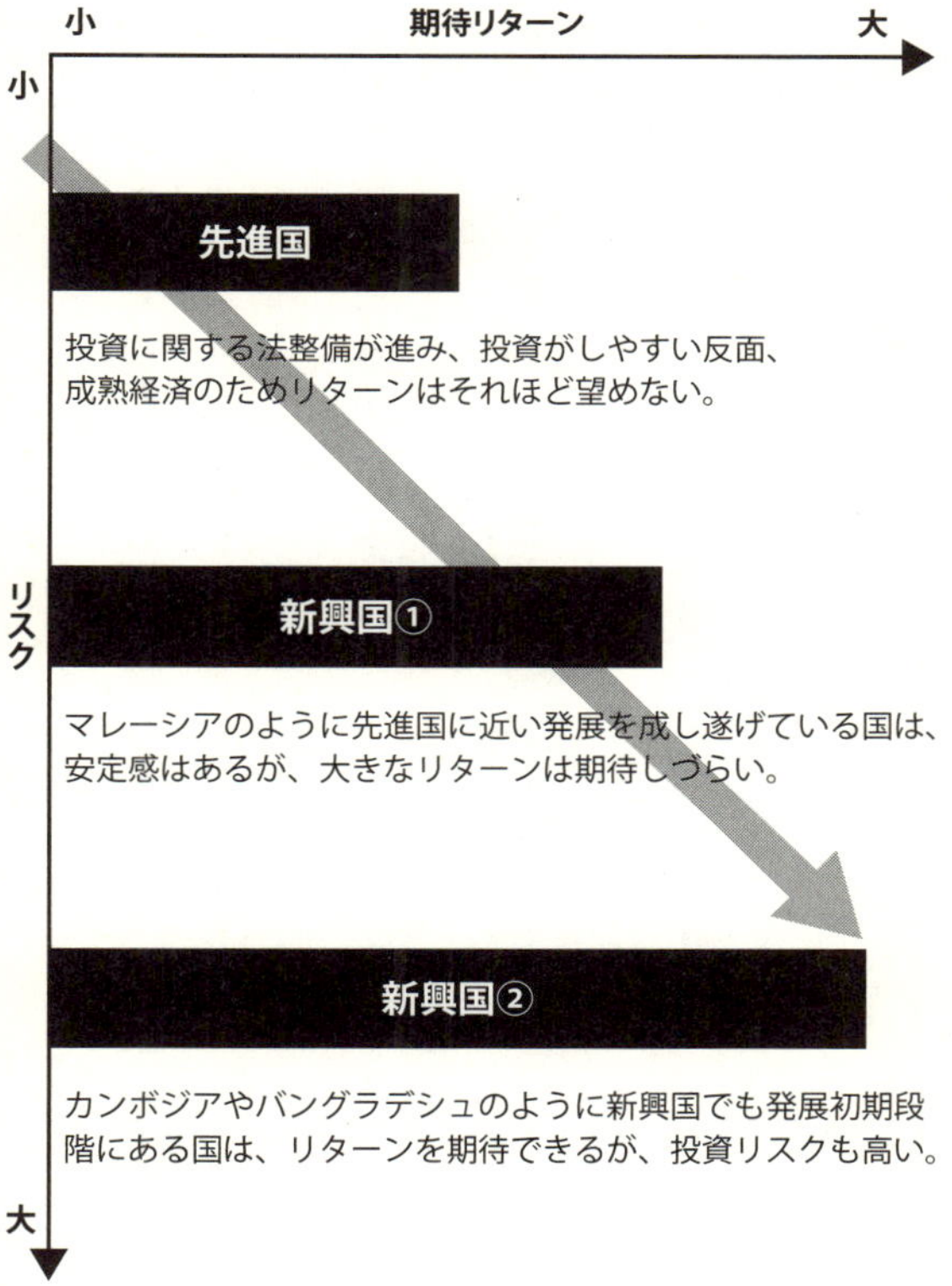
小
期待リターン
大
小
リスク
大
先進国
投資に関する法整備が進み、投資がしやすい反面、
成熟経済のためリターンはそれほど望めない。
新興国①
マレーシアのように先進国に近い発展を成し遂げている国は、
安定感はあるが、大きなリターンは期待しづらい。
新興国②
カンボジアやバングラデシュのように新興国でも発展初期段
階にある国は、リターンを期待できるが、投資リスクも高い。

新興国の中でも、マレーシアのように先進国に近い発展が進んでいる国は経済成長とともに期待リターンも低下してきています。逆に、カンボジアやバングラデシュのような新興国の中でも発展段階の初期にある国は大きなリターンも期待できますが、その分リスクも大きいと言えるのです。

海外不動産投資はかけ算で考える

海外不動産投資は、国内の不動産投資と異なり、為替の変動による影響もあります。円ベースの収益は、

物件価格の上昇率 ＝ 現地価格の上昇率 × 現地為替レートの上昇率

のかけ算で計算できます。

わかりやすい例として、1ドル＝100円として、10万ドル（＝1000万円）の物件

を考えてみます。

物件が現地で10％値下がりしたとしても、為替が10％円安（１ドル＝１１０円）になれば、円ベースでのリターンは、ほぼゼロになります。物件が現地で20％値上がりし、さらに為替も20％円安（１ドル＝１２０円）になれば、円ベースでは44％のリターンになります。

為替レートの変動は、円ベースの物件価格だけでなく、購入した不動産物件を賃貸した時の家賃にも影響します。

10万ドルの物件を、月１０００ドル（10万円）で貸し出したとしましょう。毎月受け取る家賃も、現地での家賃の上昇と為替レートのかけ算によって変わってきます。１０００ドルの家賃が１１００ドルになれば、１ドル＝90円の円高になっても円ベースの金額では９万９０００円とほとんど変わらないことになります。海外の賃貸物件では、家賃が上昇することも珍しくありません。また、円安になれば円ベースでは、投資のリターンは高くなります。

なお、米ドルで物件や家賃をやり取りするのは、アメリカの不動産以外ではカンボジアなど一部の国のみです。それ以外の地域では、それぞれの国の通貨で投資し、家賃を受け取ることになります。その場合、為替レートはドルと円の交換比率だけではなく、ドルと現地通貨の為替レートの変動にも影響されることになります。

例えば、マレーシアの不動産に投資をする場合、為替レートとしてはドルとリンギット（マレーシアの通貨）の関係もチェックする必要があるのです。

円とドル以外の他通貨の為替レートは、ドル円とドルと他通貨の関係に分解して考えることができます。マレーシアリンギットの場合は、ここ最近はドルに対して上昇しています。このように米ドル以外の通貨で投資をする場合は、ドル円だけを見るのではなくドルと現地通貨の関係もチェックする必要があるのです。

マクロからミクロへのアプローチ

投資においては、まずその目的をはっきりさせる必要があります。海外不動産投資であれば、不動産を保有することによって、値上がり益を得るのが目的なのか、毎月の安定した賃料を得ることが目的なのか、あるいは減価償却を使った節税が目的なのかによって投資対象が変わってきます。また、前章で説明したように、自分の人生の目標に合った資産形成を考え、不必要なリスクを取らないことも重要です。

投資の前に、自分の目標やそれに必要な金額を明確化し、海外不動産投資を資産運用に活用したほうがよいと考えたら、次はどのエリアに投資をするか検討していくことになります。

投資対象とする国・地域は、日本人が海外で不動産の所有権を確保できるところにすべきです。そのようなエリアの中から、まずマクロのデータを調べ、投資エリアを絞り込んでいきます。

これは、現地に行く前に日本で情報収集をしておくべきことになります。自分が投資したい国・地域が決まったら、次のステップとして実際に現地に行って、ミクロの情報収集を行い、最終的な投資物件を選択していくのです。このような、マクロからミクロへというアプローチを取ることで、後悔のない海外不動産投資が実践できると思います。

海外不動産投資のプロセス

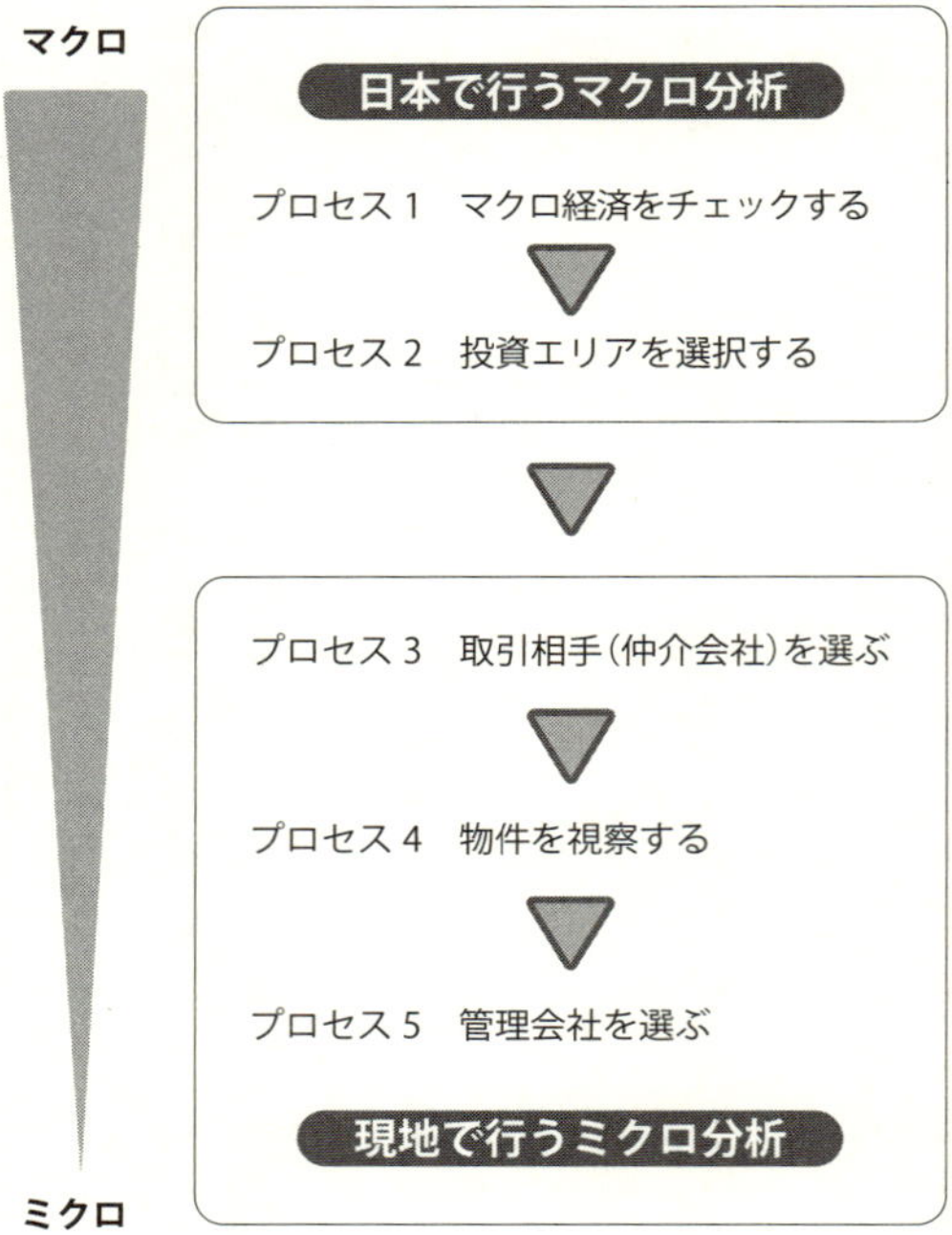

日本で調べておくべきマクロデータ

　では、日本で調べておくべきマクロデータとは、具体的にどのようなものになるでしょうか。経済データとして調査すべきものは、経済成長率やインフレ率など、賃貸物件市場の動向を知るためのデータとしては、人口動態や空室率など、物件価格の動きを知るためのデータとしては、今後のインフラ整備の予定や過去の不動産価格の推移などが挙げられます。

　経済成長は不動産投資を考える上で最も重要なファクターです。経済成長が高まれば、地域の経済活性化によって不動産市場にもポジティブな影響があるからです。ただし、過熱した経済が不動産の急激な上昇を引き起こしているような国は、価格がすでに割高になっている場合が多いので投資対象としては避けるべきです。

　また、新興国は以前に比べれば落ち着いてきているものの、依然として先進国に比べればインフレ率は高くなっています。インフレによって購入した物件の現地価格や家賃が上昇するのは投資にとってプラスになりますが、通貨価値の下落が進めば、円ベースでの投資リターンにマイナスの影響が出るリスクもあります。

人口動態も重要なファクターです。人口の変化については、国全体で捉えることも重要ですが、自分が購入しようとしているエリアにおける人の動きを知ることができれば、より正確な人口動態に関する判断が可能になります。多くの都市では個別に人口に関するデータを発表していますから、それらを探してみるようにしましょう。人口に関しては年齢別の人口ピラミッドの形状や、平均年収も投資判断材料になります。20代の人口が多ければ、今後結婚して賃貸住宅に住もうという世帯が増えることが予想できますし、平均年収の高いエリアや賃金が上昇しているエリアであれば、家賃収入が高く設定できることがわかります。

また、特に新興国では、インフラ整備によって道路や鉄道網が発達し、その周辺の不動産価格が上昇するのはよくあるケースです。過去の物件価格の推移だけではなく、これからのインフラ開発計画についても情報を集めておくとよいでしょう。

日本にオフィスを構えながら、現地の情報を豊富に持っている不動産会社もあります。ネットや書籍で調べるだけではなく、現地に行く前にこのような日本のオフィスを訪問して、現地情報について教えてもらえれば有益であり便利です。

先進国不動産と新興国不動産では投資目的が異なる

投資国が決まっても、どの都市に投資するのかが、次に問題になってきます。新興国の場合は、首都から投資を始めるのが鉄則ですが、先進国、特にアメリカのような大国ではどうでしょうか。

ひと口にアメリカに投資をすると言っても、ニューヨークとサンフランシスコではまったく環境が異なりますし、日本では知られていない街であっても投資対象として魅力的なエリアはたくさんあります。

日本の個人投資家が海外不動産投資をする場合、有名な都市やリゾート地を選択する傾向があります。例えば、アメリカならニューヨークやボストン、あるいはサンフランシスコといった誰もがよく知っている国際的な観光都市です。これらの都市は国内だけではなく国際的にも人気が高く、その分、物件が割高になっています。投資利回りも低く、投資価格も、最低でも数千万円となかなか手を出しにくいレベルになっています。数十億円単位の資産を持つ投資家であれば別ですが、1000万円前後から海外不動産運用を考える場合、そのようなエリアは除外して考えたほうがよいでしょう。

また、リゾート地として有名な風光明媚な場所も投資対象として人気です。ハワイのワイキキのような有名な場所は自分で物件を保有してみたいという人が多いのですが、こちらも投資対象をしっかり絞り込む必要があるでしょう。

先進国の投資エリア選択

アメリカのような先進国における投資エリアの選択は、有名かどうかや、自分が住んでみたいかどうかで決めるのではなく、自分が取りうるリスクを考えながら、その中で最も高いリターンが期待できるエリアを選択すべきです。

・人口が増えるエリア

・賃金の上昇が期待できるホワイトカラー向けの仕事が集まっているエリア
・賃貸物件の需給が逼迫して、空室率が低く、利回りが比較的高いエリア

これらのエリアを狙っていくのがセオリーです。

例えば、アメリカ全体の人口は２０５０年にかけてこれから約１億人増えると予想されていますが、人口増加率は州によって異なります。一般に北東部よりも、サンベルトと呼ばれる南部の州のほうが人口増加率が高い傾向があるのです。具体的には、アリゾナ、テキサス、ジョージアといった地域になります。それらの州の中で、ＩＴ系の企業の進出によってホワイトカラーの高所得者層の雇用が拡大しているエリアであれば、賃貸マーケットにもポジティブな影響が期待できます。

私もこのような条件を満たすエリアを選んで投資しています。

アメリカの場合、州によって経済環境がかなり異なり、産業構造にも違いがあることから、まずは州単位でどのエリアにするのかを絞り込んでいくことが重要です。

新興国の投資エリア選択

一方、新興国の場合、投資対象のメインターゲットになるのはその国の首都になります。マレーシアであればクアラルンプール、タイならバンコク、フィリピンはマニラ、そしてカンボジアはプノンペンです。新興国の場合、インフラの整備によって都市の利便性が高まり不動産の価値が上がっていくことが期待できますが、インフラ整備の中心はやはり首都になるからです。首都以外の都市もいずれ人口の増加に伴いインフラ整備のニーズが高まるかもしれませんが、まずは首都の中心部を狙うのがよいでしょう。東京で言えば、青山や赤坂、六本木のような場所を選ぶほうが下落リスクも小さいと考えられます。

私も首都の中心部にある環境のよいエリアに投資しています。クアラルンプールの物件は、中心部への徒歩圏内で、今後開発が進む金融特区の入り口にあり、近くに鉄道駅が建設される予定です。またプノンペンもボンケンコン地区と呼ばれる中心部にある高級住宅街のコンドミニアムの高層階を選択しました。両方とも現地を視察しなければ、立地の判断ができない物件だったと思います。

先進国と新興国では投資のエリア選定の考え方も変わってくるのです。

なぜ現地に行く必要があるのか？

海外不動産投資の失敗を避けるためには、まず信頼できる不動産会社の信頼できる担当者から物件を紹介してもらうことです。粗悪な物件をつかまされたり、市場価格より高い値段で買わされたりしないためには、そんな現地の人を見つける必要があります。

海外不動産投資を始めたいという人にコンサルティングをする機会がありますが、私は現地を視察してから購入の最終決断をするようにアドバイスしています。現地を視察するのには、３つの目的があります。

目的①　物件を実際に確認する
目的②　誰から買うかを確認する
目的③　誰に管理してもらうかを確認する

現地の視察と言うと、物件を見ることだけが目的だと思っている人が多いかもしれませんが、販売会社や管理会社のチェックも重要な現地視察目的になります。

国によって狙うべき物件タイプは変わってくる

物件の見学と言っても、現地で実際に購入する物件が見られるとは限りません。新興国の新築コンドミニアムの場合、完成前にセールスをするプレビルドと呼ばれる手法が一般的だからです。

プレビルド物件の場合、建物は完成予想の模型でしか確認できないことが普通です。すでに建設が始まっているものであっても、物件を外部から見るだけで最終的な建物のクオリティについてはでき上がってみないとわからないというリスクがあります。また、資金繰りに余裕のない中小のデベロッパーが手がける物件の場合、資金不足から建設が途中で止まってしまうこともあります。実際、カンボジアのプノンペンにはリーマンショックの影響でいまだに工事が中断している建物が存在します。このような物件に投資をしてしま

う と資金回収さえできなくなってしまいます。工事が中断しなくても、デベロッパーの施工能力が低いと工事が大幅に遅れ、想定していた賃料収入が得られないケースも出てきます。

また、「誰が造ったか」によって品質や将来の価値にもバラツキが生じてきます。粗悪な物件をつかまされないためにも、デベロッパーの選択は非常に重要です。

デベロッパーの選択基準として、これまでに開発した物件の件数、販売金額、実際に完成した物件を見るなど、過去の竣工実績の他、上場しているか、法人の国籍、活動している国・地域など会社の規模や概要、創業者の経歴や現地でのステイタスなど、会社の歴史などから総合的に判断することが大切です。これらの情報は現地の販売会社に問い合わせれば教えてもらえます。

完成した物件や、中古物件を購入する場合は実際の物件を見ることができますが、わずか数時間で建築に対する深い知識のない人間が建物をチェックしても、瑕疵《かし》があるかどうかをなかなか見抜けるものではありません。

建物の細かい造作のチェックは、専門の業者によるインスペクション（物件調査）を利用して確認をしてもらうのがいいでしょう。むしろ、確認すべきことは周辺の環境や、住んでいる人たちのプロフィールといった物件の周りの環境です。また、すでに完成したコンドミニアムであれば、窓からの眺望、管理や清掃の状況もチェックポイントになるでしょう。

不動産は物件の立地が大きく価値に影響します。通りをひとつ隔てただけでも物件価値に大きな差が出ることもあるのです。現地に行って実際に周辺の環境をチェックすることで、日本で地図を見ているだけでは見えない情報が得られます。これから建物が建てられるような物件であっても、周囲の類似物件の価格や賃貸料の水準をチェックすることによって価格の妥当性を推測することができます。不動産は需要と供給によって価格が変化しますから、周辺の競争環境を見ることが投資判断に役立つのです。

「誰から買うか」はセカンドオピニオンも参考に

海外不動産投資の業者として関わりを持つのは、購入物件を紹介してくれる販売会社、そして購入後の物件をマネジメントしてくれる管理会社ということになります。しかし、信頼できるパートナーを見分けることは、簡単ではありません。私は初めてコンタクトをするパートナーに関しては、本人だけではなく、同じ業界の人からのセカンドオピニオンを取るようにしています。狭い業界ですから、問題ある人たちにはすぐに悪い評判が立ち、そんな話があちこちから耳に入ってきたりするのです。

取引経験のない個人投資家が、いきなり現地に行って物件探しを始めるのは、リスクが大きいと言えますが、投資家のサイドに立ってパートナーを探してくれる信頼できるアドバイザーがいれば安心だと思います。物件選択だけではなく、価格の交渉やどの部屋にするのか、ローンの手続き、送金、契約書の内容確認、完成してからのテナント付け……何でも安心して相談できるパートナーは有益です。物件ありきではなく、まず付き合うべき相手をしっかり見つけ、その上で具体的な投資対象を探すというプロセスを忘れないようにしてください。

「誰に管理してもらうか」も忘れずに

海外不動産投資では購入時だけではなく、購入後の管理方法についても精査が重要です。購入後はなかなか現地に行く機会はありませんから、しっかりとした管理会社を探して契約し、安心して任せられる体制をつくらなければなりません。

私は、フロリダ州に購入したコンドミニアムを、現地のアメリカ人に賃貸しています。物件の管理は、現地で実際にオフィスを訪ねていき、ヒアリングした上で、信頼できると判断した地元の不動産管理会社に委託しています。彼らには空室時のテナントの確保から毎月のメールでの賃貸状況のレポートまで、きめ細かく対応してもらっています。

物件を購入してから、現在までテナントは変わることなく賃貸を続けており、安定したキャッシュフローを受け取ることができています。日々の管理は基本的に管理会社がすべて対応してくれますから、現地に行く必要もありませんし、施設の修理の際に工事の許可を求めるメールが来たときに、こちらから指示を出す程度ですから、手間としてはほぼゼロと言ってよいと思います。このようなメンテナンスフリーの状態が実現できているのは、管理会社のクオリティが高いからだと考えています。

長期で入居し、賃料の支払いが遅れることのない良質の賃借人を確保できるのは、管理会社のマーケティングと入居希望者のスクリーニングがしっかりしているからだと言えます。

空室になった場合のテナントが見つかるまでの時間や、日々の管理状況の報告方法などは管理会社の能力によって異なると言えます。

良質な管理会社を見分けるには、やはり現地でオフィスを訪問し、管理体制やスタッフのクオリティをチェックするのが確実です。現地に行く前にいくつかの管理会社にアポイントメントを入れて、実際に行ってみれば、誰に管理をお願いすべきかが見えてくるはずです。私が視察に出かける場合、現地に信頼できる管理会社が存在することを条件にしています。

管理会社の選択によって、海外不動産投資の成否は大きく変わってくるのです。

スタディツアーの利用価値

私が代表取締役を務める、株式会社資産デザイン研究所では、現地の専門家とのネットワークを活用して海外の不動産を視察するスタディツアーを企画しています。大手旅行代理店にパッケージツアーとして往復のフライト、宿泊、現地での移動手段をアレンジしてもらい、現地では私が選んだ専門家によるガイドを付けて視察をするというのが通常のパターンです。2013年からすでにアメリカ、マレーシア、シンガポール、タイ、フィリピン、カンボジアなどで7回、このスタディツアーを実施しました。週末を使って、10人程度の少人数で出かけるケースがほとんどです。

また、幻冬舎総合財産コンサルティング（GTAC）でも、2013年はカリフォルニア、ハワイ、スリランカの不動産視察ツアーを実施しています。

一番大きなメリットは、専門家によってアレンジされたムダのない時間配分で現地を視察できることです。スタディツアーに参加すれば、ガイドだけではなく、現地の不動産投資の専門家もバスに同乗して物件の案内や現地に関する情報を教えてくれます。私も現地同行し、参加者の立場から、わからない点や重要と思われる点にフォーカスして、質問したり情報を補足したりしていきます。また視察プランも、現地の専門家と事前に打ち合わせをして綿密にプランを組み立てますので、時間にムダが少なく、短時間で効率的に視察をすることができるのです。

このような専門家がいることもスタディツアーの大きなメリットですが、一緒に行く投資家仲間とのネットワークも楽しく有意義なものです。ツアーには一人で参加される人も珍しくありません。女性一人というケースも最近は増えています。最初は知らない人たちと一緒のツアーで緊張気味ですが、一緒に視察をして現地で時間を過ごしているうちに、他の参加者とも打ち解けて仲良くなっていきます。お互いに同じような目的を持って参加しているので、投資に関しての情報交換をしたりするメリットもあるのです。参加している人たちが皆、前向きで新しい投資対象に好奇心旺盛な人たちばかりなので、話をしていてもお互いに波長が合って楽しいのだと思います。

海外不動産投資をするなら現地視察は必須です。そしてどうせ行くなら一人で行くのではなく、同じような志を持った仲間と行けば、その価値をさらに大きくできるのです。

国によって銀行ローンの活用法は異なってくる

海外不動産投資にローンを活用するケースも考えられます。

新興国においては、例えばマレーシア、フィリピンなどの新築物件の場合、現地の銀行やイギリスのＨＳＢＣのような大手金融機関が、外国人であってもローンを提供してくれます。

ただし、金利や貸し出し条件などは、借入人の信用状況によっても異なりますし、金融情勢によっても変化します。カンボジアのような金利の高い国では、ローンを借りられる可能性があったとしても、あまり現実的とは言えないでしょう。

また、先進国であっても、例えばアメリカで中古物件を購入する場合、現地の金融機関のローンを活用することができます。以前は、外国人に対してアメリカの現地の銀行が貸し出しをするケースはほとんどありませんでした。しかし、最近は条件によっては融資をするケースも出てきています。こちらも個別のケースによって対応が異なりますので、実際に購入する段階になって相談することになります。

銀行とのコンタクトについても、不動産の販売業者が紹介してくれます。ローンがつくことを前提に購入するといった条件で話を進めるようにすれば、スムースに手続きを進めることができます。

アメリカにおいては、モーゲージブローカーと呼ばれる、金融機関とのローン借り入れの交渉を代理でやってくれる業者もあります。これは条件のいい金融機関を探し、ローン申請に必要な書類の手続きを代行してくれるサービスです。ただし、実行されたローンの残高に対して一定のフィーがかかります。また、金額が小さい場合は対応してもらえないケースもあります。

海外の不動産担保ローンには、ノンリコースローンとリコースローンがあります。

ノンリコースローンとは、物件自体を担保に融資をするローンで、万が一返済ができなくなった場合、不動産の所有権とこれまでに支払った資金を放棄すれば債務から解放される仕組みのローンです。ノンリコースローンで借り入れを行えれば、投資した資金以上の資産を失うリスクはありません。

ちなみに、日本の住宅ローンはこれとは対照的にリコースローンと言われる、返済ができきなくなった場合に物件を売却し、それでも借入残高に満たない部分は債務が残り、ローンの借り手に返済義務が残る仕組みとなっています。

ローン借り入れにかかる諸費用や、手続きにかかる手間などを考えれば、物件価格が1000万円以下の場合、自己資金で購入するほうがよいと言えます。ローンの条件は、金融情勢や銀行の経営状態、不動産市場の環境などによって変わってきます。金利やローン比率、借入期間などの条件が短期的に変化することも珍しくありませんから、最新の情報をつかんでおく必要があります。

投資リターンの計算方法は2種類ある

不動産投資において、投資リターンの計算は購入前に慎重にしておく必要があります。インカムゲインと呼ばれる賃料収入が大きなウエートを占める不動産投資では、賃料と物件価格から利回りを計算するのが一般的です。しかし、家賃収入だけが投資のリターンに影響を与えるものではありません。最終的に物件をいくらで売却できたかによっても、投資利回りは大きく変わってくるのです。

不動産の投資リターンは比較的簡単に計算できる売却価格を考えない利回りと、売却価格まで織り込んだ利回りの２つに大きく分けて考えます。ではその２つを詳しく見ていくことにしましょう。

売却価格を考えない投資利回りの計算

まず、売却価格を考えない利回りの計算を説明します。

最もシンプルなのが、グロス（表面）利回りと呼ばれる、賃貸収入を物件価格で単純に割ったものです。例えば、家賃１０００ドルの物件を10万ドルで購入すれば、年間の家賃収入は１万２０００ドルとなり、利回りは12％となります。グロス利回りは、大まかな賃貸利回りを知るためには有効ですが、国や地域によって家賃から差し引かれるコストが変わってきますから、グロス利回りが高いからと言って、本当に高利回りとは限らないので注意が必要です。

一般に先進国のほうが新興国に比べ、コストが高くなる傾向があります。また新築物件より中古物件のほうが修繕費用やメンテナンスコストが高くなりがちです。賃貸収入だけではなく、物件保有にかかるコストも反映させて計算するのがネット（実質）利回りです。

例えば先ほどと同じ、10万ドル、家賃１０００ドルの物件に、管理費用が月１００ドル、固定資産税などの諸費用が年間１０００ドルかかるとします。購入時に物件の修繕に１万ドルかけたとすると、ネット利回りは次のようになります。

｛（１０００ドル－１００ドル）×12－１０００｝÷（10万ドル＋１万ドル）＝８・９％

ネット利回りの計算では、どこまでのコストを入れるかによって利回りが変わってきます。また、修繕にかかるコストを費用と考えるのか、資産価値の向上と考えるのかによっても計算方法が変わります（費用として考える場合、計算式の分子にマイナス要因として計上）。

いずれにしても、グロス利回りは簡単に計算でき、不動産広告などでもよく使われる数

グロス利回りとネット利回り

グロス利回り

①	購入価格	10万ドル
②	家賃収入／月	1000ドル
③	家賃収入／年	1万2000ドル

●計算式　③÷①

1万2000÷10万＝12%

月々管理費や収入にかかる
税金などのコストは加味されていない

ネット利回り

①	購入価格	10万ドル
②	家賃収入／月	1000ドル
③	家賃収入／年	1万2000ドル
④	管理費／月	100ドル
⑤	税金などの諸費用／年	1000ドル
⑥	購入時の修繕費	1万ドル

●計算式 ｛(②－④)×12カ月－⑤｝ ÷(①＋⑥)

｛(1000－100)×12－1000｝ ÷(10万＋1万)＝8.9%

投資にかかる諸費用を計算した
より実態に近い利回り

字ですが、ネット利回りのほうが、投資の実感に近いリターンであることは知っておきましょう。

売却価格を考えた投資利回りの計算

グロス利回りやネット利回りには物件価格や賃料などから簡単に計算ができるメリットがありますが、物件がいくらで売却できるかによって最終的な投資のリターンは変わってきます。

また、不動産の場合、毎月の家賃収入によるキャッシュフローがありますので、どのタイミングで資金の出入りがあるかという時間軸も併せて考える必要があるのです。このキャッシュフローを考慮に入れた投資リターンの計測方法がIRR（内部収益率）です。

IRRとは、投資のキャッシュフローを想定し、その現在価値がゼロになるような割引率を計算したものです。例えば、10万ドルで物件を購入し、毎年合計で1万2000ドルの家賃収入があるとします（単純化するため、グロスの年間賃料で考えます）。5年間保有し、

キャッシュフローの把握（レバレッジなし）

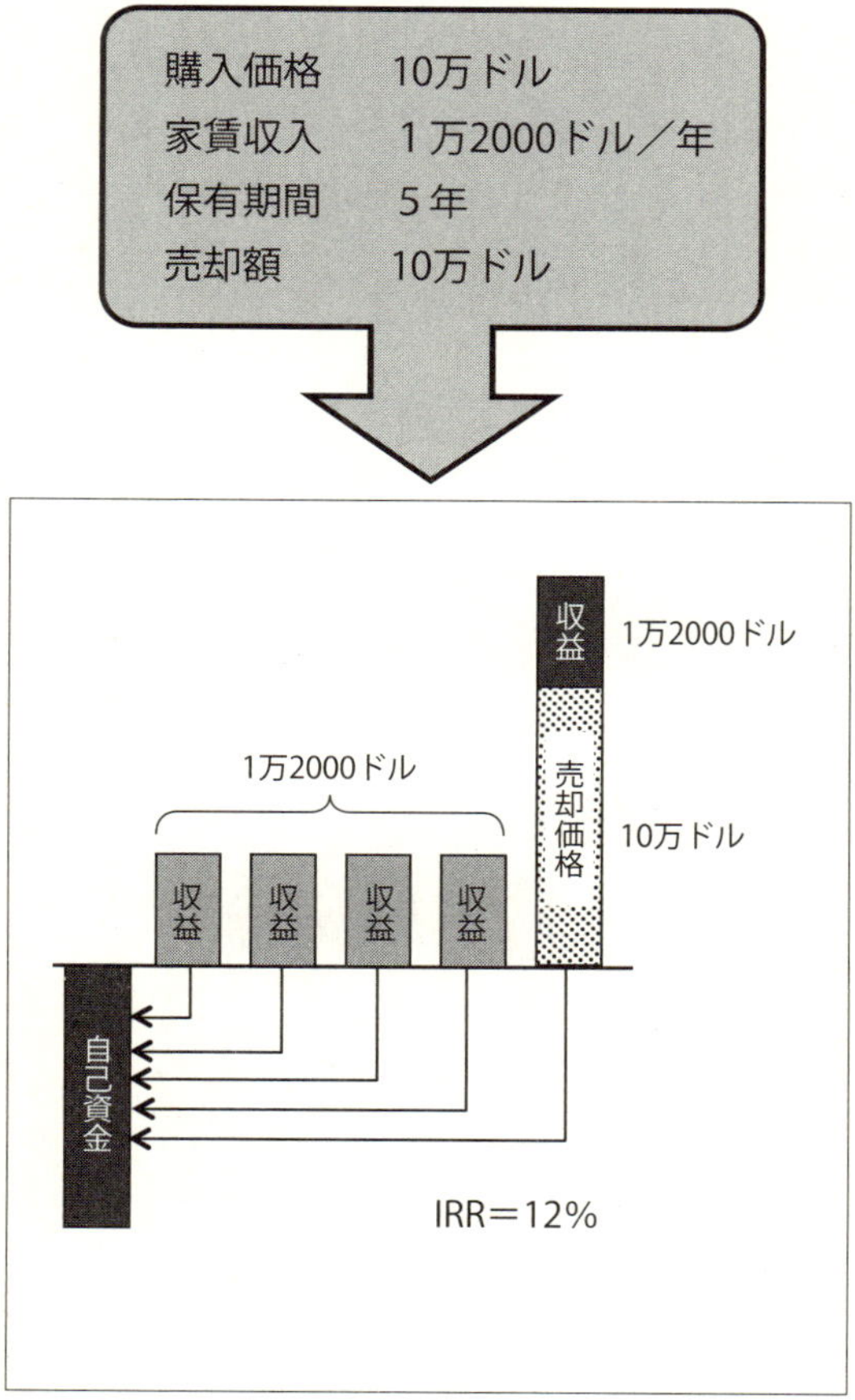

購入時と同じ10万ドルで売却したとします。

この場合、キャッシュフローは、79ページの図のようになります。当初のキャッシュフローは、マイナスの10万ドル、その後1年目から5年目までは1万2000ドルずつのプラスのキャッシュフロー。さらに、5年後には物件の売却金額がプラスになります。このようなキャッシュフローを、すべて同じ金利で現在価値を計算していきます。

例えば、1年後の1万2000ドルは、割引率がr%とすれば、1万2000÷（1＋r）、2年後の1万2000ドルは、2年分の割引ですから、1万2000÷（1＋r）^{2}……といった具合です。5年間のキャッシュフローを共通の金利r%で現在価値にしたものの合計が、当初の投資金額である10万ドルと同じになるr%が、この投資のIRRになります。

このケースのIRRは12%となりますが、売却金額が10万ドルよりも高くなればIRRは上昇し、逆に売却価格が10万ドルよりも低くなれば、IRRは12%より低くなります。

こうして計算したIRRが、自分の想定しているリターンより高ければ投資可能という判断になりますし、逆に目標のリターンより低ければ投資を見送るという判断ができます。IRRの計算はエクセルのような表計算ソフトにキャッシュフローを入力して、IRR関数を使えば、簡単に計算できます。

不動産投資は不動産の購入から賃貸だけではなく、売却までを考えて投資をしていかなければなりません。つまり、いわゆる「出口戦略」をいかに考えるかがとても重要になってきます。賃料と購入価格から利回りを計算しても、その年の利回りがどうなっているかがわかるだけで、最終的なその物件に対する投資リターンは計算できません。売却価格とそのタイミングを含め、投資利回りをIRRで計算することではじめて、プロジェクト全体で見た投資リターンを検討することができるのです。

ローンを利用した際のレバレッジを想定する

不動産投資においては、ローンを利用してレバレッジをかける場合があります。投資に必要な当初金額は小さくなりますが、ローンの金利の支払いが発生しますので、その分

キャッシュフローの把握（レバレッジあり）

購入価格	10万ドル
家賃収入	1万2000ドル／年
保有期間	5年
売却額	10万ドル
ローン借入	5万ドル
ローン金利	6％

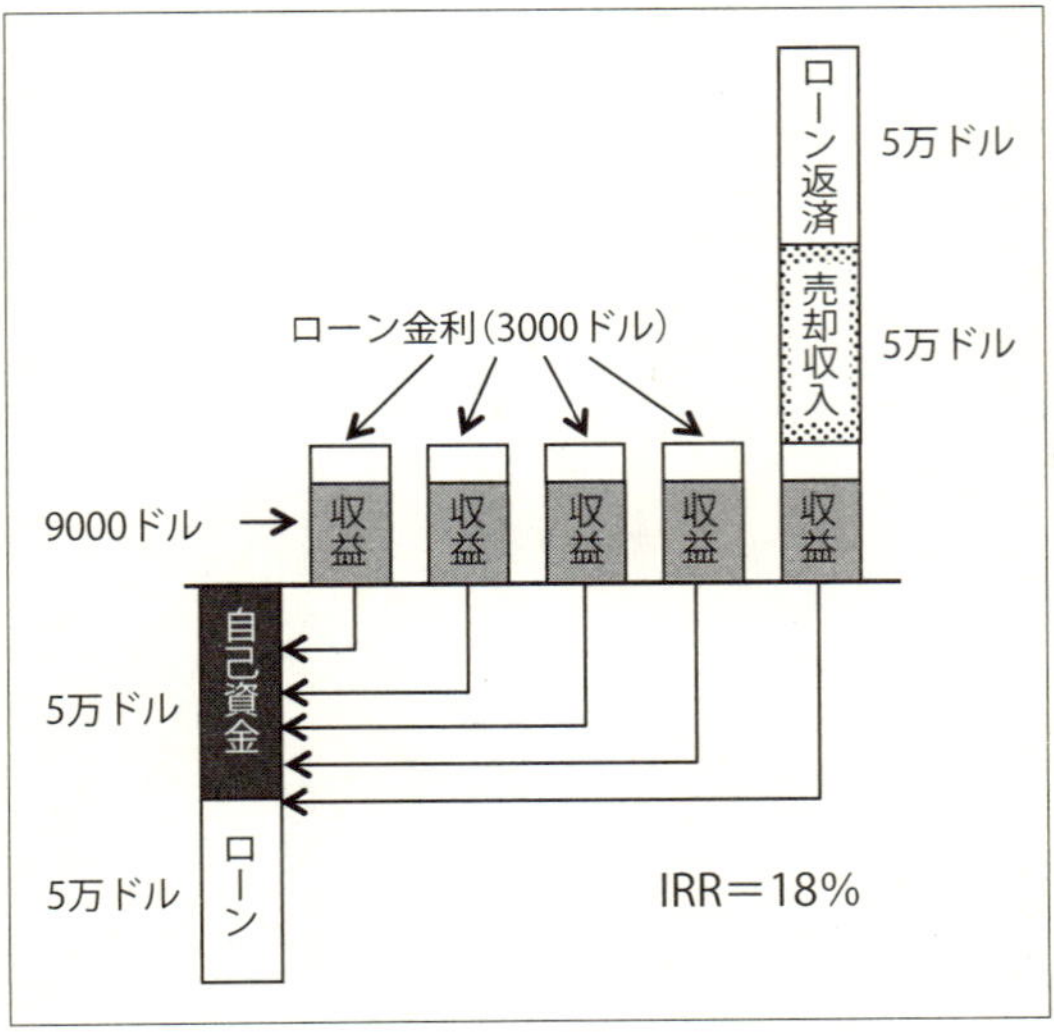

キャッシュフローの減少要因となります。

例えば、前出の10万ドルの物件を、ローンを組んで購入する場合を考えてみます。10万ドルのうち、5万ドルを年利６％で借り入れし、同じように5年後に10万ドルで売却したケースを考えます。

5万ドルに対して年間３０００ドルの金利支払いが発生しますから、年間家賃１万２０００ドルから金利を差し引くと、９０００ドルとなります。一方で当初の投資金額は半分の5万ドルになりますから、キャッシュフローは、当初がマイナス5万ドルで、毎年の収入が９０００ドル、そして売却時がローンを返済して5万ドルになります。このキャッシュフローのＩＲＲを計算すると18％に跳ね上がります。

借り入れによってレバレッジをかけると、このように投資効率を高めることができますが、売却金額や賃料収入の変化に対するリターンの変動も大きくなります。レバレッジをどの程度までかけるかは、不動産投資のリスクに大きな影響を与えます。

空室率と為替レートの想定

ここまでの利回り計算では、家賃収入に空室率を反映させていません。しかし実際のシミュレーションにおいては、物件の周辺地域の平均空室率を調べ、それにテナント入れ替えに伴う空室期間を想定して、物件の稼働率を計算します。年間の想定賃料に、稼働率をかけ合わせた数字を賃料収入として計算すれば、より保守的な利回り計算ができるようになります。

また、海外不動産投資は、かけ算で考えることが重要になります（52ページ参照）。利回りは、現地通貨でまず計算することになりますが、最終的には円での利回りを計算する必要があります。

ただし、将来の為替レートを予想するのは簡単ではありません。現実的な方法としては、円安・円高それぞれのシナリオを作り、それぞれのケースで円ベースのキャッシュフローを作成し、同様にＩＲＲでリターンを算出してみるといいでしょう。左の表は為替レートが毎年１円ずつの円安になった場合のＩＲＲを計算したものです。ドルベースでは５・０

為替が毎年1円の円安になった場合のキャッシュフロー（CF）

	ドルベース	為替	円ベース
購入時	▲10万ドル	100円／ドル	▲1000万円
1年目CF	5000ドル	101円／ドル	50.5万円
2年目CF	5000ドル	102円／ドル	51.0万円
3年目CF	5000ドル	103円／ドル	51.5万円
4年目CF	5000ドル	104円／ドル	52.0万円
5年目CF	5000ドル	105円／ドル	52.5万円
6年目CF	5000ドル	106円／ドル	53.0万円
7年目CF	5000ドル	107円／ドル	53.5万円
8年目CF	5000ドル	108円／ドル	54.0万円
9年目CF	5000ドル	109円／ドル	54.5万円
10年目CF	10万5000ドル	110円／ドル	1155.0万円

IRR ＝ 5.0%　　　IRR ＝ 6.0%

%ですが、円ベースで計算すると、6・0%になります。

現地の物件価格・賃料収入だけでなく、為替の動きによっても、投資リターンは変わってくるのです。

海外不動産投資に英語力は必要か?

海外不動産投資でハードルだと考えられるのが英語力です。「英語ができないから海外不動産投資は無理」と思っている人は多いでしょう。しかし、英語が話せないからといってあきらめる必要はありません。実際、海外不動産視察のスタディツアーの参加者の中にも、英語が苦手という人は結構いますが、現地で物件を視察し、納得した上で購入しています。実は日本人の英語力は、聞く力や読む力に関しては意外に高いのです。

契約書やパンフレットは英語や現地の言語で書かれていても、日本語の通じるスタッフがいれば、日本語で質問することができます。納得できるまで話を聞いて、最終判断すれば、問題はありません。

常に最悪の場合を想定しておく

投資に絶対確実はありません。海外不動産投資においても最悪の事態を想定しておくことが「後悔しない投資」を実現します。

例えば、テナントが入らない、価格が下落する、円高になる、建物に瑕疵がある……など、リスクを考えればキリがありません。またローンを借りていると変動金利の場合は金利上昇リスクもありますし、新興国には国自体のリスク（カントリーリスク）も存在します。

投資家層が広がればそれに比例してトラブルも増えていきます。最近もカンボジアで日本人投資家を相手にした大規模な投資詐欺事件が報じられました。

不動産取引に限らず、シェールガスやメタンハイドレートといった新たなエネルギー資源、ダイヤモンドやレアメタルといった希少資源、さらに天然ガス施設の運用権や、水資源開発会社の社員となる権利を対象とする投資などでも、詐欺のような被害が頻発しています。

リターンだけを見て安易に投資を始めるのではなく、リスクも認識することが投資の原則です。

海外不動産投資は慎重かつ大胆に

リスク要因を慎重に検討する必要のある海外不動産投資ですが、リスクを考えすぎるあまり、いつまでも待っていてはチャンスが逃げていきます。すでにマレーシアの首都中心部の物件は、円安と現地価格の上昇で円ベースでの価格が上昇し、外国人に対する投資規制の導入も相まって、なかなか手の届かない価格になりつつあります。また、2014年4月時点では、フィリピンやカンボジアなどはまだ1000万円程度で投資を始めることができますが、今後物件価格が上昇すれば、投資対象として手が出せなくなる可能性があります。

矛盾するようですが、「慎重かつ大胆」に行動することが、海外不動産投資には大切なのです。

第3章　先進国不動産投資では収益と節税を狙え

先進国でも群を抜いた優位性を持つアメリカ不動産市場

高い投資収益を狙うなら、やはりフィリピンやカンボジアといった新興国がいいと考える人は多いでしょう。実際、人口も多く、人口ピラミッドでも若年層が多いとなれば、将来的に高い経済成長が期待できます。対して先進国は、経済成長率を考えると、魅力に劣ると言わざるをえません。

アメリカは先進国の仲間ではありますが、他の先進国と比べると、少々異質な存在です。そして、その異質さが、アメリカ不動産市場の魅力になっているのです。

では、実際にアメリカ不動産市場にどのような優位性があるのか、順を追って説明していきましょう。まず、何と言っても人口が増加傾向をたどっている、数少ない先進国であるということです。

人口が増加するということは、先にも述べたように経済を押し上げる要因になります。2050年の米国GDPは世界第2位を堅持するとされています。また、人口増に伴って住宅需要も高い状態を維持するでしょう。ファンダメンタルズ的に見て、アメリカの不動産

アメリカの人口動態

■人口推計

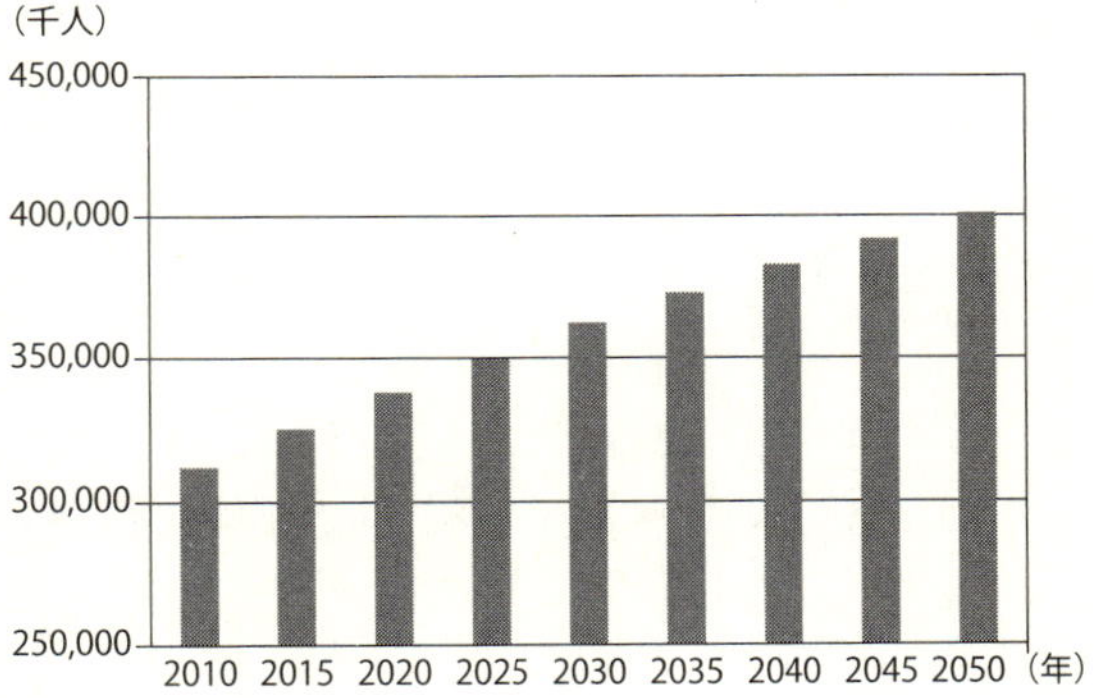

■人口ピラミッド（2014 年）

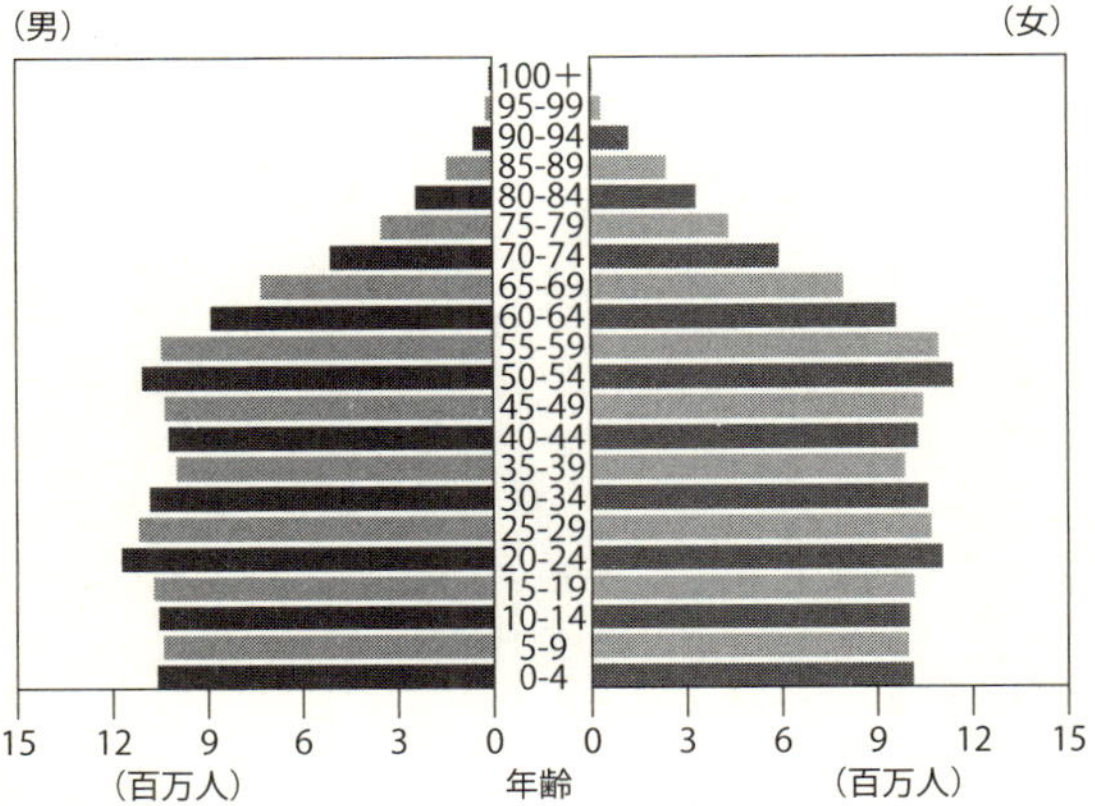

国際連合"World Population Prospects"より作成

産市場は長期的に堅調と言えるのです。

2つ目には、世界的に最も不動産市場の透明性が高く、かつ不動産投資のインフラが優れているという点が挙げられます。取引関係や権利関係が明確であり、安心して取引することができます。また、中古物件の市場が、8割以上を占めています。アメリカでは、売却する際に中古物件という理由だけで値下がりする、ということがほとんどありません。中古物件を運用するにあたって、メンテナンス、修繕などをしっかり行えば、立地によっては新築と同等の値段がつくケースもあるくらいです。

そして3つ目は、不動産投資に必要な各種データが整備されているという点です。具体的には、不動産の空室率や人口の伸び、世帯年収などのデータを細かくチェックすることができます。不動産賃貸ビジネスを行う上で、この点は非常に強みを発揮します。というのも、この手の数字をきちっと読み込んでいけば、「この地域の家賃は、世帯年収に対して高すぎるから、ここから値上げするのは困難だろう」などというように、目算を立てることができるからです。

アメリカの不動産市場には、投資家にとってよい環境が整っているのです。

新興国並みの成長力を持つ州もある

アメリカは連邦制を取っており、各州の独立性が強い国です。そして、アメリカほどの経済大国になると、州によっては一国の経済規模を上回るところもあるくらいです。

例えばカリフォルニア州だけで、イタリアやフランスと同じぐらいの経済規模がありますし、テキサス州だとロシアと同じぐらいの経済規模を有しています。フロリダ州はオランダと同じぐらいです。

つまり、アメリカの１つの州が持つ経済規模は、新興国よりもはるかに大きかったりします。したがって、景気の動向などはアメリカ全体を見るよりも、州単位で見たほうがよい面もあります。

さらに言うと、都市圏ごとにも大きな違いがあります。同じカリフォルニア州でも、ロサンゼルスとサンフランシスコでは、経済構造だけでなく、そこに住んでいる人たちの平均年収も大きく異なります。またロサンゼルス都市圏だけでオランダと同じ、サンフランシスコ都市圏ではタイと同じような経済規模があります。ヒューストン都市圏はオーストトリアと同じぐらいです。

　また、経済成長率という点でも、非常に面白い特徴が見られます。例えばテキサス州のオースティンという都市の経済成長率は、年6％以上あります。すでに先進国は経済的に成熟しており、高い経済成長率は望めないと考えられている中で、アメリカの一都市圏の経済成長率が、新興国のそれとほぼ変わらないペースを維持しているのです。もちろん、その一方で経済成長率が低迷している都市もあります。デトロイトなどは、その代表格です。

　ですから、アメリカでの不動産投資を考える場合は、国で見て、州で見て、さらに都市圏で見るというように、段階的に経済規模をチェックしていき、どの地域の不動産に投資するかを決めなければなりません。

新規820万世帯の賃貸需要がインカムの裏付けに！

　今、アメリカには大体1億3000万戸の住宅用不動産があります。

アメリカにおける州の経済規模トップ20（2012年）

（百万ドル）

順位	州	GDP
1	カリフォルニア	2,003,479
2	テキサス	1,397,369
3	ニューヨーク	1,205,930
4	フロリダ	777,164
5	イリノイ	695,238
6	ペンシルバニア	600,897
7	オハイオ	509,393
8	ニュージャージー	508,003
9	ノースカロライナ	455,973
10	バージニア	445,876
11	ジョージア	433,569
12	マサチューセッツ	403,823
13	ミシガン	400,504
14	ワシントン	375,730
15	メリーランド	317,678
16	インディアナ	298,625
17	ミネソタ	294,729
18	テネシー	277,036
19	コロラド	274,048
20	アリゾナ	266,891

アメリカ商務省経済分析局ホームページをもとに作成

その中にも一軒家やアパート、コンドミニアムなど、さまざまな住宅形態があるわけですが、注目されるのは２０１０年から２０１５年にかけて８２０万室の賃貸需要が生まれるということです。

これには、大きく2つのトレンドが背景にあります。

第1に、２００７年のサブプライム危機によって、当時一軒家に住んでいた人たちの中には、住宅ローンの返済ができなくなった人が増えました。彼らは一軒家を売り払い、アパートをはじめとする集合住宅などの賃貸住宅に移り住み、賃貸需要を押し上げました。

第2に、アメリカの景気がようやく上向きになったこと。景気が悪化した時、職を失って実家に戻り、親と同居していた人たちが今、景気の好転に伴って、親元を離れて住み始めたことです。

こうした2つのトレンドがあり、5年間で約８２０万世帯の賃貸需要を増やすという流れができ上がってきたわけです。

実際、アメリカの不動産市況はほぼ底入れしたようです。

例えばテキサスなどはダメージが少なかったため、不動産価格は２０１１年頃から上昇に転じました。不動産がダブつき気味だったネバタ州のラスベガスでも、ようやく２０１３年くらいに底を打ち、上昇に転じています。

２０１２年のデータによれば、全米の平均で見ると、不動産物件の中心価格帯は世帯年収の３・２倍程度になっています。オーストラリアやカナダは、５倍、６倍になっていますし、香港に至っては13倍というとんでもない状況です。日本国内でも、東京カンテイが出している不動産データによると、新築不動産の価格は、東京であれば世帯年収の5倍、6倍です。

それらを比較すると、アメリカの不動産価格は世帯年収から見て、まだ割安と言えます。年収が６００万円であれば、物件価格は１８００万円程度です。これが東京であれば、平均で世帯年収の5倍ですから、物件価格は３０００万円くらいになります。

また、ライフスタイルから見て、アメリカの不動産価格が今後、堅調に推移するエリアを絞り込むこともできます。

例えば、７６００万人いると言われているベビーブーマー世代が退職し、子どもも巣立って、郊外の一軒家から、街中の小さな家に引っ越して、夫婦２人でのんびり暮らそうという流れがあります。

あるいは、「ジェネレーションY層」と言われている、8000万人近くに達するベビーブーマーの子ども世代も、賃貸需要を後押ししています。彼らは、大都市圏に住み、車のない生活や、身軽な賃貸生活を好む傾向があります。

こうした人たちのニーズによって、ロケーションがよいなどの好条件の賃貸物件を保有していれば、家賃の値上がりや空室率の低下が見込まれ、それらを手入れすることで、さらに物件の価値を引き上げることができます。

日本にいると、1990年代以降、バブルの崩壊によって不動産価格は下落の一途をたどったというのが一般的な印象ですが、アメリカの場合は、上下を繰り返しながら、平均すると年3~4%程度の値上がりを実現してきているのです。

このように、現在のアメリカ不動産市場には、さまざまな魅力があります。

税金面で見逃せない減価償却のメリット

アメリカの不動産に投資するメリットを語る上で、「減価償却」を忘れるわけにはいきません。

日本の木造住宅は、築30～40年ともなると建物価値がゼロになるケースがほとんどです。一方、アメリカでは中古物件を長く使用することが一般的であることから、築１００年の建物でも流動性があり、マーケットで普通に取引されています。

築30年程度の建物の場合、物件価格に占める建物価格の割合が70～80％であることも少なくありません。

減価償却年数については、日本国内での課税には日本の税制にのっとった耐用年数が適用されるため、取得後、収益物件として長期間運用できる物件にもかかわらず、築22年を超えた木造住宅は４年（22年×20％＝４・４年→端数切り捨てで４年）で減価償却が可能となるのです。

この減価償却については、ケースを交え、第５章で詳しく解説します。

シェールガス革命で不動産市場も活況＝テキサス

テキサス州には私も投資していますが、注目されるのは、オースティンとコーパス・クリスティという2つの都市です。オースティンは、人口増加率が高いことに加え、全人口に対する大卒者の比率が42％程度と、テキサス州の中でも住民の学歴が非常に高いことが特徴です。州都であり、市の中心部にテキサス大学があることでも知られています。

また最近では、「シリコンヒルズ」と呼ばれていて、ＩＴ関連企業の中心地にもなりつつあります。有名な企業としては、アップルのカスタマーセンターや、インテルやＡＭＤ、サムスンなども、大きな工場を設立し、稼働させています。

次に、コーパス・クリスティですが、こちらは人口30万人程度の小さな街です。ただこの近くには、イーグル・フォード・シェルという大きなシェル層があります。シェル層から掘り出されたシェールガスは、ガス状のままで運び出すことはできないので、それを一度、液化する必要があります。コーパス・クリスティは、全米で5番目に大きな港を持っているため、その近くでシェールガスを液化し、そのまま港を通じて運び出すことができ

テキサスの概要

■基本情報（2012 年）

■州都	オースティン
■人口	2644 万 8193 人　⇒　20.74%（対日本）
■GDP（名目）	1 兆 3973 億ドル　⇒　23.45%（対日本）
■GDP（名目）成長率	5.78%　⇒　3.04 倍（対日本）

米商務省経済分析局およびＩＭＦのデータをもとに作成

■不動産投資の分析

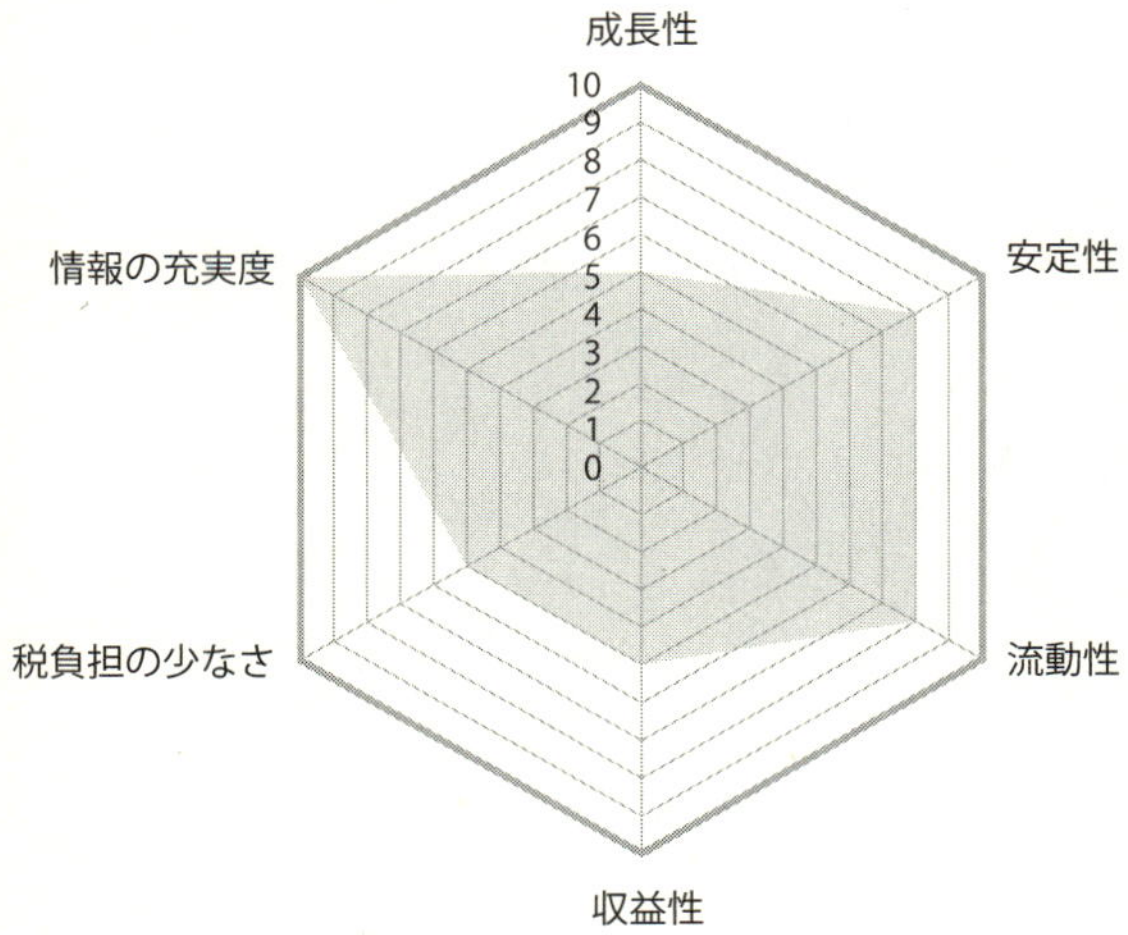

ます。

さらにその周辺には、安いガスを製造・販売したり、あるいは石油化学系の製造業なども増えてきていますし、そこに投資する動きも活発になっています。結果、人口も雇用も増加傾向をたどっています。

アメリカには、「Ｔｉｅｒ１都市」とか「Ｔｉｅｒ２都市」といった呼び名があります。Ｔｉｅｒ１都市は、サンフランシスコやロサンゼルス、ボストン、ニューヨークなどのように、誰もが知っていて、かつ国際空港が置かれている都市のことを指しています。Ｔｉｅｒ２都市は、人口で２００万人くらいまでの都市で、ここにオースティンが入ります。不動産では、オースティンの人気が沸騰していて、そこから溢れたお金の一部がコーパス・クリスティに流れています。

アメリカ政府が発表した、２０１２年度の都市圏別の経済成長率を見ると、全米３８１都市圏の中で、コーパス・クリスティは６・９％の成長率で第12位となりました。また、第13位はオースティンで６・５％の成長率を誇っています。

またテキサス州に関して言えば、やはりシェールガス、シェールオイルの恩恵が非常に大きく、オースティンやコーパス・クリスティ以外にも、ミッドランド、オデッサ、ビクトリアといった都市が、経済的にも大きく成長しています。

これらの都市は、そもそも何もなかった田舎町だったのが、シェールガスやシェールオイルの影響でにわかに人が集まり、経済成長を続けている状況です。

また、こうしたエネルギー関連産業だけでなく、シェールガス、シェールオイルによってエネルギーコストが格段に安くなったことを受け、さまざまな製造業が、テキサス州に進出しています。

それが、前述したようなコーパス・クリスティの6・9%という高い経済成長率へとつながっています。

ちなみにこの経済成長率は、新興国と比べてみてもカンボジアやバングラデシュ並みと言ってもいいでしょう。先進国なのに、少なくともこの地域に関して言えば、新興国並みの経済成長率を実現しているのです。

一方で、リスクがあるのも事実です。例えば、シェールガス、シェールオイルを採掘する際には、環境面でネガティブな影響が生じてくるので、今後この点が社会問題になると、

アメリカの都市圏別経済成長率トップ20（2012年）

順位	都市圏	州	GDP成長率（%）
1	ミッドランド	テキサス	14.4
2	オデッサ	テキサス	14.1
3	エルクハート	インディアナ	11.4
4	セントジョセフ	ミズーリ＝カンザス	9.8
5	コロンバス	インディアナ	9.6
6	ビクトリア	テキサス	8.7
7	ビスマルク	ノースダコタ	8.5
8	ココモ	インディアナ	8.4
9	ニューオリンズ	ルイジアナ	7.6
10	サンフランシスコ	カリフォルニア	7.4
11	ピオリア	イリノイ	7.0
12	コーパス・クリスティ	テキサス	6.9
13	オースティン	テキサス	6.5
14	ベーカーズフィールド	カリフォルニア	5.9
15	バークレー	ウェストバージニア	5.6
	グリーンビル	ノースカロライナ	5.6
	ウィリアムズポート	ペンシルベニア	5.6
18	ロングビュー	ワシントン	5.5
	ファーゴ	ノースダコタ	5.5
	ロングビュー	テキサス	5.5

The United States Conference of Mayors, *U.S. Metro economies* をもとに作成

シェールブームが一気に縮小へと向かっていく恐れがあります。また、シェールガスやシェールオイルというのは、もともとコストが割高なので、現在よりも安く原油を中東諸国から継続的に輸入できたら、シェールガスやシェールオイルの競争力がなくなってしまう可能性もあります。仮にそうなった時、テキサス州を中心とする不動産ブームが一服するケースも想定されるので、この点には注意して投資したほうがいいでしょう。

テキサスの物件の特徴

では、いくつかサンプルの物件をピックアップしてご紹介しましょう。

アパート①はアパート１棟物件です。部屋数は30室あり、購入価格は１１０万ドル。１ドル＝１００円で換算して１億１０００万円の物件です。

もし、キャッシュが用意できない場合、「売主ファイナンス」といって、売主の既存ローンを引き継いで購入する方法もあります。

この購入価格には5万ドルの修繕費が含まれています。修繕後、物件の価格は上昇する家賃から逆算して１４０万ドル程度になることが期待できます。

物件サンプル　アパート①

■物件価格　110万ドル（修繕費5万ドルを含む）

■30室／1部屋あたり3万5000ドル

■延床面積　2万5000スクエアフィート／スクエアフィートあたり42ドル

■グロス利回り　18%

ちなみに、この物件はダウンタウンまで車で15分、テキサス大学まで7分という、ノースセントラルというところにあります。

アパート②も、テキサス大学の近くにあるよいロケーションで、物件購入価格は160万ドル。日本円で1億6000万円という物件ですが、この物件はアパート①とは違い、修繕の必要はありません。こちらも売主ファイナンスが利用でき、その額は110万ドルです。ちなみに部屋数は16部屋です。

アパート③は、全米一の人口増加率になっているサンマルコス市の物件です。同市はオースティンとサンアントニオの中間にある都市で、テキサス州立大学には徒歩圏のロケーションです。物件購入価格は420万ドル。日本円にして4億2000万円の高額物件です。また売主ファイナンスは340万ドルです。部屋数は88室で、修繕後の物件予想価格は600万ドルです。

では、こうしたテキサスの物件にどのような人が、どういった投資をしているのか見ていきましょう。

物件サンプル　アパート②

■物件価格　160万ドル（修繕費0ドル）

■16室／1部屋あたり10万ドル

■延床面積　8350スクエアフィート／スクエアフィートあたり191ドル

■グロス利回り 11%／ネット利回り 7% →賃上げ後 8%

物件サンプル　アパート③

■物件価格　420万ドル（修繕費50万ドルは別途）
■ 88室／1部屋あたり4万7700ドル
■延床面積　5万5310スクエアフィート／スクエアフィートあたり76ドル
■グロス利回り 12%／ネット利回り 7% →修繕・賃上げ後9%

ケース1　新たにローンを組まずに売主ファイナンス付きのアパートに投資

50歳の外資系企業役員のAさん（男性）は、5億円の金融資産を持っていました。現状、大半を日本の株式と投資信託で運用していますが、これだとすべて円建て資産になってしまい、円安が進んだ時の為替リスクがあります。

そこで、ポートフォリオの安定性を高める上でも、金融資産だけでなく、不動産という実物資産を組み合わせます。また、不動産も日本国内ではなく海外の物件に投資することによって、通貨分散も同時に図っていこうという狙いです。経営者である以上、日本から離れることはできず、海外の不動産物件を取得したとしても、そこに住むわけにはいきません。ですから、購入する不動産物件はアパートなどの集合住宅にして、その部屋を賃貸に回します。そうすれば、定期的に家賃収入を得ることができます。

問題は、アメリカの銀行では外国人がローンを組むことへのハードルが高いということです。最近は外国人でもローンが組めるようになったのですが、審査に時間がかかりますし、借りる側の属性、例えば勤め先などの履歴も問われます。また、自営業だと、なかなか審査が通らないのが実情です。

その解決策として「売主ファイナンス付きアパート」を探すことになりました。

これには2つのパターンがあって、ひとつはアパートの売主からお金を借りる方法。もうひとつが、売主がローンで物件を取得していて、まだその残債がある場合、そのローンを引き継ぐ方法です。

Aさんが投資した物件では、売主のローンを引き継ぐことによって次の条件で資金の手当てを行いました。

- 物件購入価格＝１７５万ドル
- 頭金＋クロージング費＝45万ドル
- 売主ファイナンス額＝１３０万ドル

この物件は、グロス利回りが21％で、ネット利回りが9％です。ネット利回りというのは、すでに説明したように、家賃収入から諸々の諸経費を差し引いた残りのキャッシュフローが、投資元本に対して何パーセントなのかを示しています。

これだけ大きなギャップがあるのはなぜかというと、この物件の住民は年収的に3万ド

テキサス不動産投資をしたAさんの収支

■購入金額　175 万ドル
⇒頭金＋クロージング費＝ 45 万ドル
⇒売主ファイナンス額＝ 130 万ドル
■収益
家賃収入／年間　36 万 7500 ドル
純利益／年間　　15 万 7500 ドル（諸経費等を除く金額）

グロス利回り ＝ 21%

ネット利回り ＝ 9%

※利回りは初期費用を含まず計算

ルから4万ドル程度のブルーカラーの労働者が中心なので、家賃滞納のリスクがあり、それがネット利回りを大きく押し下げているからです。

今後は家賃を現状の600ドルから750ドル程度まで引き上げること、物件を修繕し、バリューアップを図ることといった戦略を検討し、それを順次実行していく予定です。グロス利回りが21％もありますから、そこで生じているキャッシュフローを投資に充てれば、魅力的な物件になっていく可能性が高いと思われます。

経済的にも気候的にも魅力のある投資先＝カリフォルニア

カリフォルニア州の面積は全米第3位で、日本の約1・1倍。人口は全米第1位で3725万人が住んでいます。アメリカ国民の8人に1人がカリフォルニア州に住んでいる計算になります。また、アメリカで人口の多い20都市のうち4都市が、カリフォルニア州の都市で、ロサンゼルス、サンディエゴ、サンノゼ、サンフランシスコがそれです。

2012年時点で、州内総生産は約2兆ドル。成長率は5％近くもあります。カリフォルニア州のＧＤＰは、国際比較でも高い水準にあり、イタリアとほぼ同じです。また、フォーチュン誌が選ぶ全米上位５００社の「フォーチュン５００」にランクインしている企業が、一番多いのも特筆すべき点でしょう。

具体的にカリフォルニア州にはどういう産業が多いのかというと、サービス、不動産、情報産業が中心で、流通、製造業、金融を加えると、州内総生産の約８割を占めています。なお、農業が州内総生産に占める比率は１・６％程度です。

カリフォルニア州に本拠地を構えている企業は、アップル、アドビシステムズ、ＥＢａｙ、インテル、ウォルト・ディズニー・カンパニー、オラクル、グーグル、シスコシステムズ、シマンテック、ヒューレット・パッカードなど、枚挙に暇がありません。いずれもアメリカだけでなく、世界的に有名なグローバル企業ばかりです。

世界有数の企業が、これだけひとつの州に集まっているというのは、ファンダメンタルズ的にも非常に強い州であることを意味します。

カリフォルニアの概要

■基本情報（2012年）

州都	サクラメント
人口	3799万9878人　⇒　29.80%（対日本）
GDP（名目）	2兆34億ドル　⇒　33.62%（対日本）
GDP（名目）成長率	4.95%　⇒　2.61倍（対日本）

米商務省経済分析局およびＩＭＦのデータをもとに作成

■不動産投資の分析

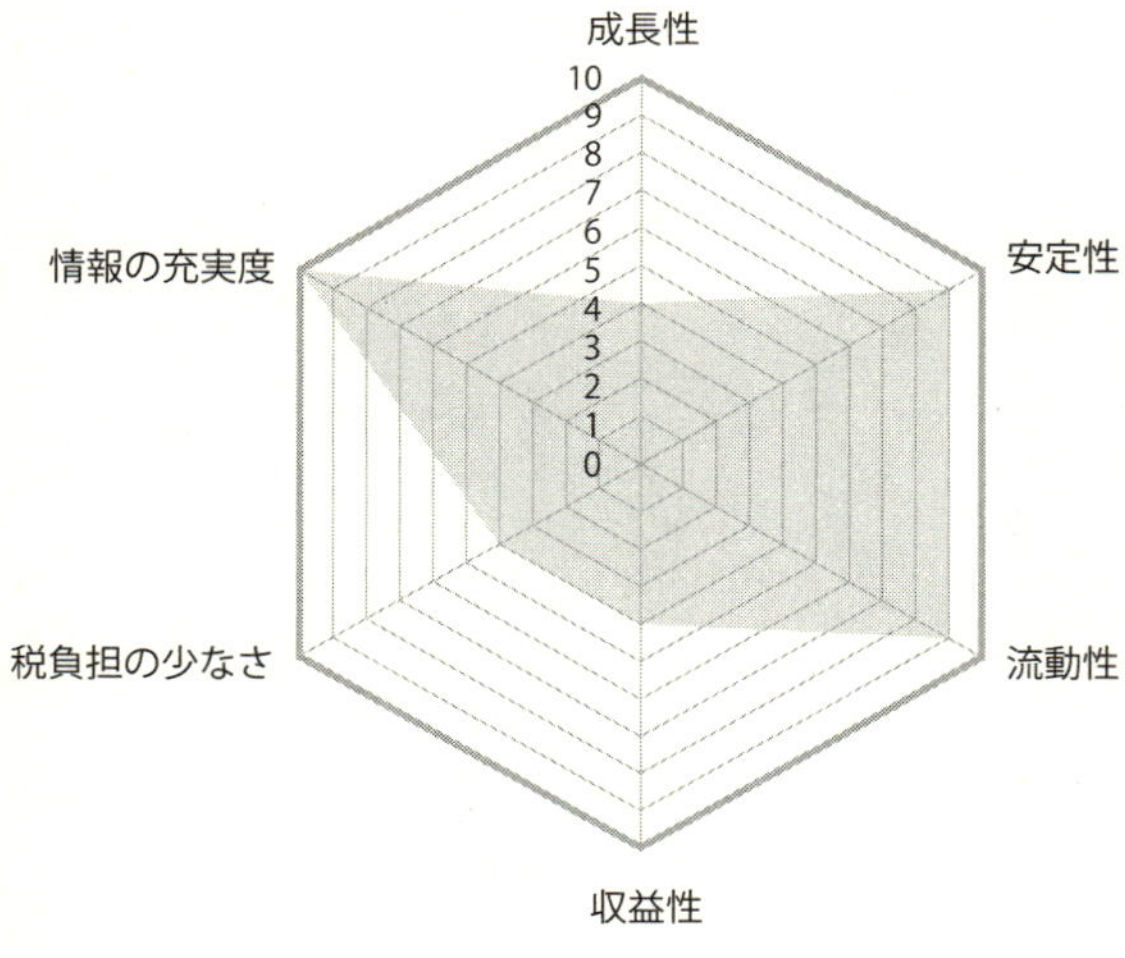

カリフォルニアの物件の特徴

物件の価格ですが、低価格の物件であれば郊外の一軒家で、日本円にして1000万円程度から購入できるものがあります。また、比較的安価なコンドミニアムだと、7万ドルから8万ドル程度で購入できます。

では、実例をベースにして、物件タイプ別にその特徴を見ていきましょう。

コンドミニアム①の物件価格は14万5000ドル。1ドル＝100円で換算した円建ての価格は1450万円で、1973年に建てられた築40年ほどの物件です。

間取りは1ベッドルーム、1バスルームで、広さは39平方メートル。それほど大きな物件ではないので、単身者が住むのに向いた物件と考えていいでしょう。

またコンドミニアム②のような、「ハイライズコンドミニアム」という高層建築のコンドミニアムもあります。

ここで例に挙げるタイプは、物件価格が73万9000ドル。日本円にして7390万円ですから、日本国内の相場で見てもかなり高額な物件と言えます。

しかも、1985年に建てられた物件ですから、築年数は約30年。それでも、これだけ

物件サンプル　コンドミニアム①

■物件価格　14万5000ドル（初期費用7975ドルは別途）
■延床面積　415スクエアフィート／スクエアフィートあたり349ドル
■グロス利回り　9.93%／ネット利回り　5.96%
■年間家賃収入　1万4400ドル

物件サンプル　コンドミニアム②

■物件価格　73万9000ドル（初期費用4万645ドルは別途）
■延床面積　1200スクエアフィート／スクエアフィートあたり616ドル
■グロス利回り　6.17%／ネット利回り3.70%
■年間家賃収入　4万5600ドル

の価格を維持しているのですから、クオリティが高く、今なお人気があることを示しています。ちなみに間取りは２ベッドルーム、２バスルームとなっており、ゲストが泊まる場合も考えた造りになっています。

では次に、アパート１棟物件を見ていきましょう。

アパート①の価格は２２０万ドル。日本円にして２億２０００万円です。１９８７年に建てられた物件なので、築年数は27年。コンドミニアムに比べると当然、坪数も広く、この物件であれば８０６平方メートルあります。ちなみにアパートですから部屋はすべて貸すことになり、そこから得られる大きな家賃収入が、アパート投資の魅力です。

このアパートの場合、年間の家賃収入が14万６４００ドル。ここから諸経費として５万５６３２ドルが差し引かれ、純利益は９万７７６８ドル。グロス利回りで６・６５％、ネット利回りで４・１３％のリターンが期待できます。

もうひとつ、アパート②の物件を見てみましょう。

価格は３４０万ドルですから、アパート①に比べて、さらに高額物件になります。１９９１年に建てられた比較的築浅の物件であることや、敷地面積が１６５０平方メートルも

物件サンプル　アパート①

■物件価格　220万ドル（初期費用12万1000ドルを含む）
■22室／1部屋あたり　10万ドル
■延床面積　8680スクエアフィート／スクエアフィートあたり253ドル
■グロス利回り6.65%／ネット利回り4.13%
■年間家賃収入　14万6400ドル

物件サンプル　アパート②

■物件価格　340万ドル（初期費用13万6000ドルを含む）
■24室／1部屋あたり　14万1667ドル
■延床面積　1万7764スクエアフィート／スクエアフィートあたり191ドル
■グロス利回り　6.51%／ネット利回り5.08%
■年間家賃収入　26万5800ドル

あることから、アパート①に比べてクオリティは高いと言えます。

では、実際の投資はどうなのかを、テキサスと同様にケースで見ていきましょう。

ケース2　分散投資で資産の半分をコンドミニアムに投資

40代ビジネスパーソンのBさん（男性）のケースです。現在の保有金融資産は4000万円ほど。やはり海外不動産投資など実物資産も含めて、ポートフォリオの分散を図ったほうがいいでしょう。

Bさんが注目したのが、物件サンプル①で紹介した、購入価格14万5000ドルのコンドミニアムです。アメリカの不動産物件はドル建てですから、今後、円安が進めば、物件の価格上昇期待だけでなく、為替差益も収益に加わってきます。

初期費用は、エスクロー費用が3625ドルに、購入代行費用が4350ドルの合計7975ドルです。

この物件を賃貸に回したとすると、家賃は月1200ドル。年間で見ると1万4400

ドルになります。グロス利回りは、１万４４００ドル÷14万５０００ドル＝０・０９９３＝９・９３％になります。

同物件の場合、固定資産税や火災保険、管理費などの経費が年間５７６０ドルかかります。これを家賃から差し引くため、純利益は８６４０ドルになり、ネット利回りは、次のようになります。

８６４０ドル　÷　14万５０００ドル　＝　５・９６％

もうひとつ、Ｂさんにとってはこの投資に大きな狙いがあります。それはタックスメリットの享受です。この物件は木造で築25年、建物割合は80％となっていることから、購入価格14万５０００ドルの80％、つまり11万６０００ドルを４年間で減価償却することができます。

投資後の４年間は、毎年２万９０００ドルずつ経費計上できるわけで、これは築古でも建物価値が落ちにくい、アメリカ不動産投資ならではのメリットと言えます。

カリフォルニア不動産投資をしたBさんの収支

■購入金額　14万5000ドル
⇒初期費用＝7975ドル（エクスロー費用、購入代行費用）
■収益
家賃収入／年間　1万4400ドル
純利益／年間　8640ドル（諸経費等を除いた金額）

グロス利回り ＝ 9.93%

ネット利回り ＝ 5.96%

※利回りは初期費用を含まず計算

ラグジュアリーホテルの一室のオーナーがおすすめ＝ハワイ

ハワイの不動産オーナーになる、ということは、多くの人にとって憧れでしょう。ハワイのような有名リゾートでは、不動産のオーナーシップについてもさまざまな形態が存在しており、コンドミニアムや戸建ての所有といった基本的なスタイルだけでなく、ひとつの物件や部屋の利用権を週単位で分割所有する「タイムシェア」などもあります。

ただ、タイムシェアの場合、ひとつの物件や部屋を複数人で分け合うため、利用にあたっては各種の制約が出てきます。「仕事に余裕ができたから、ちょっとリフレッシュしにハワイへ……と思ったけど、他の権利者が使っていた」なんて話はその最たる例ですが、これではオーナーになった意味がない、本当のオーナーではない、と考える人も少なくないでしょう。

一方、戸建てやコンドミニアムを購入すれば、自由に使うことができます。しかし、ハワイの戸建てやコンドミニアムとなれば、価格帯も非常に高額になりますし、毎月の維持管理も簡単ではありません。また、使わない時は賃貸に出そうと思っても、高額物件になるほど借り手を探すのは難しく、そもそもコンドミニアムの場合は建物規約等によって貸し出しに制限が設けられているケースもあります。

こうした中、今注目を集めているのが「ホテルレジデンス」です。これは、ラグジュアリーホテルの一室のオーナーとなり、自分で使いたい時は使い、使わない時はホテルルームとして貸し出すという画期的な所有形態です。

ホテルレジデンスとして所有できる代表的なラグジュアリーホテルとしては、トランプ・インターナショナル・ホテル＆タワー・ワイキキ・ビーチ・ウォーク（以下、トランプ・タワー・ワイキキ）などがあります。その一室（レジデンス）の完全所有権を取得し、オーナーになるというわけです。なお、現在建設中のプロジェクトとしては、ザ・リッツ・カールトン・レジデンス・ワイキキ・ビーチなどが知られています。

ホテル客室としての稼働状況も明確に把握可能

オーナーになったレジデンスを活用する方法は、主に2パターンあります。

ひとつは、自身のハワイ滞在時の宿泊場所として使うというものです。「ホテル」レジデンスですから、ホテルサービスのすべてを受けることができます。ハウスキーピングやルームサービスなども通常のホテル利用とまったく同様に使うことができますから、滞在中はホテルに宿泊しているのと変わりません。

戸建てやコンドミニアムの所有であれば、物件の維持と管理にも大きな手間がかかりますが、ホテルレジデンスの場合は、これはすべてホテルサイドで対応してくれます。

そして、もうひとつの活用方法は、自分のレジデンスをホテルの客室として稼働させるというものです。

ホテルレジデンスのオーナーには、公式のレンタルプログラムが用意されており、こちらを契約すれば、ホテル客室として自身のレジデンスを貸し出すことができます。この契約は任意であり、利用しなくても構いません。

レンタルプログラムを利用すると、貸し出している部屋の稼働実績に応じて、宿泊料収入を得ることができます。ホテル側からは毎月ステートメントが発行され、稼働実績や宿泊料収入の内容もすべて明示されます。自分の部屋がどれくらいの値段で貸し出され、何日間稼働したのか――こうした点もガラス張りの明細でしっかり把握することができるのです。

なお、レンタルプログラムを利用している最中でも、オーナーは自分の部屋の空き状況に応じて、自由に使用することが可能です。

気になる物件価格の動きやレンタル収入の実績についてですが、トランプ・タワー・ワイキキの一例を挙げると、２００９年の売り出し価格で約70万ドルだった部屋（スタジオタイプ）の中には、後に約80万ドルで転売されたケースもあります（逆に購入時よりも低い価格で売却されたケースもあります）。

レンタル収入については、部屋を自己使用ではなくほとんど貸出しに回した場合、管理費等をすべて差し引いた後のネット利回りで、３％近い数字が出ている例もあります。

このように、ホテルレジデンスは、自己使用と賃料収入の確保を両立できる希少な所有形態であり、しかも戸建てやコンドミニアムと同様に、資産として売買することもできますから、資産価値上昇による値上がり益を狙うこともできます。リターンと実需の両方を狙える不動産投資と言えるでしょう。

第4章　新興国不動産投資で大きなキャピタルゲインを得る

新興国の成長力で儲ける不動産投資

新興国の不動産の魅力は、何と言っても高い成長性です。

経済が成熟すると、市場全体が底上げされるのではなく、個別物件の条件によって不動産の価値が決まっていきます。これに対して、経済全体が成長している国では、個別物件の細かい条件のよしあしというよりも、市場全体が底上げされる中で、地価や賃貸料が上昇していきます。そのほうが、高いリターンが期待できます。

もちろん、経済には浮き沈みがあります。新興国も例外ではありません。１９９７年にはアジア通貨危機が勃発し、アジア各国は一時的ではありましたが、非常に厳しい状況に追い込まれました。しかし、そこから復活して、今では再び高い成長率を取り戻していきます。こうした地力の強さはどこに要因があるのかと言えば、やはり人口です。アジア各国の人口構成比は、高齢者に比べて若年層が多く、理想的なピラミッド構造になっています。日本のような超高齢社会ではないのです。

若い年齢層の人口が多いということは、中長期的に見ても、経済はまだまだ成長を続け

新興国への不動産投資で注目の4カ国

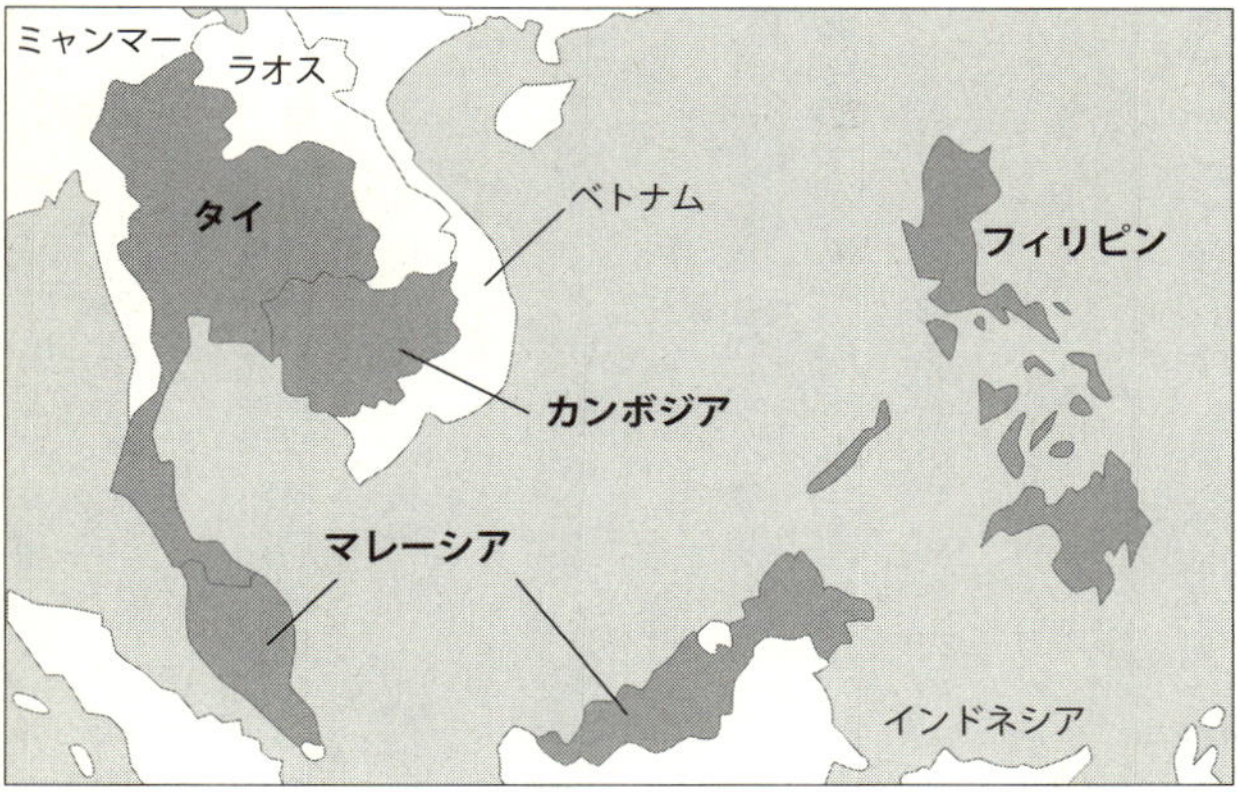

るであろうことを示唆しています。なぜなら若い人たちの年齢が上がるにつれて、彼らがどんどん生産と消費の中心になっていくからです。それは、日本の高度経済成長期と同じです。

では、新興国の中でも注目を集めるマレーシア、フィリピン、タイ、カンボジアの国々について、順を追って見ていくことにしましょう。

平均成長率6％を20年続けてきた優良国＝マレーシア

マレーシアは「東南アジアの優等生」と言われています。１９９０年以降、１年あたりの経済成長率は、平均６％にも達しています。

と言っても、これはあくまでも今までの話。マレーシア不動産に投資しようと考えている人たちにとって最大の関心事は、この成長が今後も続くのかどうかということだと思います。

この点についてマレーシア政府は、「国民所得を2倍以上に引き上げ、２０２０年に先進国入りする」ことを目標に政策を進めています。加えて、マレーシアはイスラム金融の中心地のひとつとして、中東のオイルマネーが流入する拠点であると同時に、中国系住民が多く、いわゆる「チャイナマネー」の受け皿にもなっています。また、隣国シンガポールからも資金が流入しています。

マレーシアに限った話ではありませんが、新興国にとって重要なのは、こうした海外からの多様な資金をどれだけ継続的、かつ安定的に取り入れられるかということです。この点でもマレーシアは、他の新興国に比べて高い優位性を持っていると言えるでしょう。

人口構成からも不動産投資は有望株

もちろん、国の成長期待はマネーの流入だけで推し量ることはできません。経済成長のファンダメンタルズを左右するもうひとつの大きな要因は、人口構成です。

マレーシアの人口ピラミッドは、２０２０年時点の推計値でも理想的な「釣鐘型」を維持しています。釣鐘型というのは、男女ともに高齢者の人口構成比が低く、逆に若年層の

マレーシアの概要

■基本情報

人口	約2962万人（年齢中央値27.4歳）
GDP	3124億1300万ドル
1人あたりのGDP	1万428ドル
GDP成長率	4.7%（前年比）
物価水準	日本の３分の１程度
日本人滞在者（2012年）	約１万人
公用語	マレー語／TOEICランキング16位
通貨（2014年２月13日）	1 MYR（リンギット）＝30.8円

※CIA、IMF、JETRO、TOEICなどのデータをもとに作成
※特記以外は2013年のデータ

■不動産投資の分析

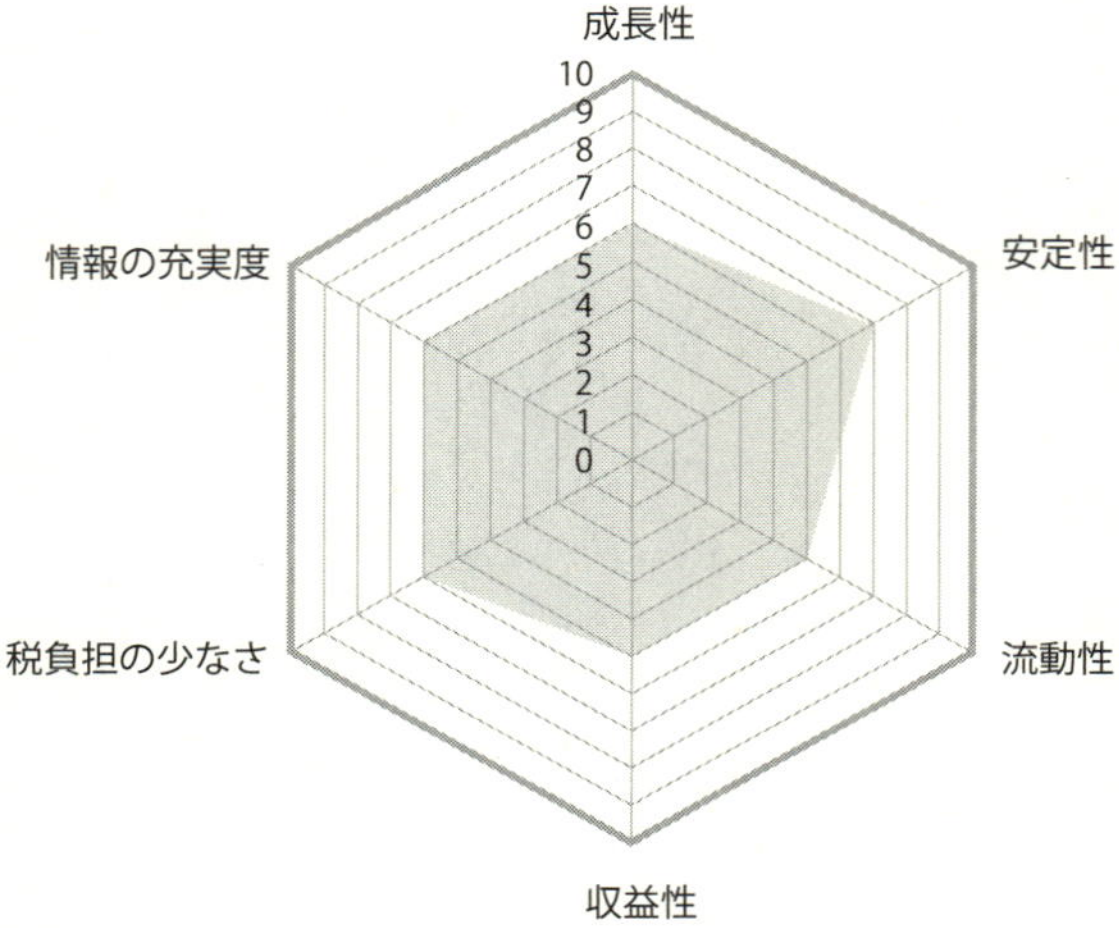

それが高くなっている人口ピラミッドの形を指します。

若年層の人口比が高いということは、時間の経過とともに、消費の中心層がどんどん増えていくことを意味します。つまり、将来にわたって非常に強い消費意欲が維持され、経済発展の強い原動力になるのです。また不動産マーケットにとっても、今の10代、20代が数年後、あるいは十数年後の不動産購入の中心層になることから、今後ますますマレーシアにおける不動産購入熱は高まっていくものと予想されます。

主要投資エリアはクアラルンプールとジョホール

マレーシアの投資エリアとしては、クアラルンプールとジョホールが代表的です。クアラルンプールはマレーシアの首都であり、すでに街として完成しています。一方、シンガポールとの国境で開発が進むジョホールは、イスカンダル計画に基づきこれから発展が期待される街です。

クアラルンプールが、どちらかと言えばインカムゲインに重点を置いた投資になるのに

マレーシアの投資エリア

対し、ジョホールは開発によるキャピタルゲインを狙う投資エリアと言えます。株式で言えば、バリュー株とグロース株の関係に似ています。

クアラルンプールはペトロナスツインタワー周辺を中心に発展しています。商業地区のブキビンタンなど周辺エリアはマレーシアで不動産価格が最も高い地域です。東京で言えば、銀座、六本木といったエリアに相当します。また、住宅地としてモントキアラ、バンサーなども人気です。郊外に行くと価格は下がりますが、賃貸のテナント付けが難しい地域もありますから、物件を慎重に選ぶ必要があります。

一方、マレー半島の南端、シンガポールの北にあるジョホールは、シンガポールの不動産価格の高騰により、シンガポールのベッドタウンとしての発展が期待されています。その魅力は、シンガポールと比較した場合の価格です。ジョホールの物件の価格は、シンガポール中心部の10分の1。国境を渡るだけで対岸の物件の価格の3分の1になると言われています。

クアラルンプールは首都機能もあり、既に人口集積も進んでいますが、ジョホールはこれからの開発次第で、どのような街になるかが決まってきます。プロジェクトが想定通り進まなければ物件の価値が上がらない可能性もあります。また同じジョホールでも開発地域によって、不動産の価値に格差が出てくることも考えられます。ジョホールに関しては、人気が高まっていますが、リスクの高い投資エリアであることを認識しておきましょう。

先進国に比べて5分の1の平米単価が魅力

首都クアラルンプールにある一般的なマンションの平米単価は、アジアで最も不動産価格が高い香港、シンガポールと比べても、5分の1程度です。さらに、クアラルンプールにある最高級コンドミニアムでも、東京に比べて3分の1の平米単価で取得可能です。

このように価格が安くても、クオリティが低いということはありません。これにはさまざまな理由が考えられますが、2007年までは外国人がマレーシア不動産を購入することが難しかったため、海外からの投資マネーがまだあまり入りこんでいないというのが大きな理由です。また、マレーシアは日本と違って、台風や地震といった自然災害が少ないため、建物の構造がシンプルですむということも、低コスト要因となっています。

マレーシアは国土面積が日本の９割程度であるのに対し、人口は日本の４分の１程度です。日本に匹敵するだけの国土を持ちながら、人口は４分の１ほどなのですから、土地の値段も安くなります。

マレーシアの高級コンドミニアムは、欧米で学んだ先進的なデザイナーが参画したり、有名ホテルなども手がける大手デベロッパーが建設しているので、建物の外観はセンスがよく、室内は欧米仕様で天井が高く開放感に溢れています。また現地の人が住む一般的なコンドミニアムでも、24時間ガードマン常駐のセキュリティゲートやプール、ジム、専用駐車場が完備されているケースが多く、日本の同じ価格帯の物件に比べると、はるかにハイクラスの生活が実現できるのです。

不動産の取引コストも総じて低いマレーシア

マレーシア不動産のいいところは、物件価格だけでなく、日本に比べて購入・保有・売却にかかるコストが低いということです。なお、外国人がマレーシアでコンドミニアムなどの不動産物件を購入する場合は、一部の特区を除いて、一般的には価格が100万リンギット（約3000万円）以上の物件であること、そして購入時に州政府の合意を得ること、という2つの条件をクリアする必要があります。

ではまず、取得時にかかる諸経費ですが、これは次ページの図に示した通りです。

ここではジョホールの特区で購入可能な50万リンギット（約1500万円）、100万リンギット（約3000万円）、200万リンギット（約6000万円）という3つの価格帯別に、コストがどの程度なのかを示していますが、日本の不動産を取得する際にかかるコストに比べて、全体的に低いことがわかると思います。すべての経費をプラスしても、取得価格の4％前後（不動産会社のサポート料を除く）ですみます。また、プレビルド物件の場合、開発会社の特典で費用が一段と安くなることも多いです。

次に保有時にかかるコストですが、年間費用の概算は、不動産価格が高いものほど割安感が高まります。特に固定資産税は、物件価格に対する料率制ではないため、かなり低い税金となっています。

最後に売却にかかるコストですが、こちらは不動産仲介手数料に加えて、物件価格が値

マレーシア不動産投資のコスト

購入時コスト	50万リンギット（1500万円）	100万リンギット（3000万円）	200万リンギット（6000万円）
登記印紙税	27.0万円	72.0万円	162.0万円
売買契約書作成にかかる弁護士費用	11.9万円	22.4万円	40.4万円
住宅ローン申請費用	12.2万円	23.0万円	44.0万円
州政府合意取得費用	3.0万円程度		
合計	54.1万円	120.4万円	249.4万円

保有時コスト（年間）	50万リンギット（1500万円）	100万リンギット（3000万円）	200万リンギット（6000万円）
固定資産税	3.0万～7.0万円程度		
所得税	賃料収入の26%		
維持管理・修繕積立費	11.6万～19.4万円程度		
保険費用	2.4万円	4.7万円	9.4万円
合計（所得税含まず）	28.8万円	31.1万円	35.8万円

売却時コスト	50万リンギット（1500万円）	100万リンギット（3000万円）	200万リンギット（6000万円）
キャピタルゲイン税	22.5万円	45.0万円	90.0万円
不動産仲介手数料	58.5万円	117.0万円	234.0万円
合計	81.0万円	162.0万円	324.0万円

【購入時】
※登記印紙税の支払いは物件完成後。不動産購入価格と登記時の評価額を比較し、高い方の価格に対して1～3%。
※住宅ローン申請費用は現地銀行のローン申請にかかる弁護士費用：ローン総額の0.4～1.0%、印紙税：住宅ローン総額の0.5%などのこと。申請費用総額は物件価格の60%をローン、40%を自己資金とした場合。
※合計金額に含む州政府合意取得費用は、クアラルンプールの場合。
【保有時】
※100㎡の物件の場合。維持管理費・修繕積立費は1㎡あたり月額97～161円程度。
※保険費用は保険会社、物件条件によって異なる。
※合計額の計算には固定資産税、維持管理費・修繕積立費の上限を使用。
【売却時】
※所有期間が5年超でキャピタルゲイン税が5%の場合。譲渡益は先行販売開始後に購入し、売却時に物件価格が30%値上がりした場合（譲渡益：50万リンギット⇒450万円、100万リンギット⇒900万円、200万リンギット⇒1800万円で算出）。

フォーランドリアルティネットワークジャパン株式会社ホームページより作成

上がりしていた場合は、その値上がり益に対してキャピタルゲイン税が課せられます。ちなみに永住権を保有していない外国人の場合、キャピタルゲイン税は、２０１４年から所有期間5年以内という短期の売買については売却益に対して30％という高税率が課せられますが、それ以降は5％に低減されます。

ケース1　長期保有のインカムゲインを狙う

マレーシアの不動産を購入するのは、一部のお金持ちだけではありません。もちろん、富裕層もいますが、会社勤めをしている人、自営業の人など実にさまざまです。

43歳のAさん（男性）は、日本の大手自動車メーカーの課長です。資産を円のみで所有するリスクを分散させたいという目的で、海外不動産投資に興味を持っていました。購入後は賃貸に回し、家賃収入を得ようという考えです。

投資のポイントは2つあります。

ひとつはリスクの取り方です。海外不動産投資には、「プレビルド」と言って、建物ができる前段階で投資するという方法があります。

ただ、これは投資された資金で施設を造っていくため、もし予定通りに資金が集まらなかったら、その時点でプロジェクトが中止になり、お金も戻ってこない恐れがあります。そうしたリスクがある分、転売できた際のリターンは大きくなります。Aさんは、どちらかというと長期保有で、家賃というインカム収入を重視する方針なので、プレビルドの物件にはあまり向いていません。

もうひとつのポイントは資金計画です。物件をキャッシュで購入できる資金があれば問題ありませんが、銀行でローンを組む場合はそのコストも考慮に入れる必要があります。現在、マレーシアで住宅ローンを組むと、金利は年４％台前半です。

Aさんが購入したのは、２００７年に完成したクアラルンプールの象徴である「ペトロナスツインタワー」が目と鼻の先にある物件でした。都心のど真ん中という抜群のロケーションを誇ることから、外国人にも賃貸人気が高い物件であり、２００９年にAさんは99平方メートルの部屋を約１０７万リンギット（約３２１０万円）で購入。

マレーシア不動産投資をしたAさんの収支

■購入金額　107 万リンギット（3210 万円）
⇒初期費用＝ 12 万 5000 リンギット
■収益
家賃収入／年間　7 万 1316 リンギット（約 214 万円）
純利益／年間　4 万 955 リンギット（約 123 万円）

グロス利回り ＝ 6.7%
ネット利回り ＝ 3.8%

※利回りは初期費用を含まず計算
※ネット利回りの算出には、所得税等の諸税や賃貸運用時の管理委託費用を含む。

外国人駐在員などの賃貸需要が高く、手頃なサイズであることから、家賃相場は他エリアより高く、また緩やかな上昇基調にあり、現在の家賃収入は月額5943リンギット(17万8290円)、グロス利回りは年6・7％に達しています。

また、開発余地が限られ、希少性が一段と増している都心一等地の物件は、堅調な価格推移が続いており、Aさんが購入したこの物件も、購入時から25％程度値上がりするなど、高い資産保全効果を発揮しています。

＊投資に関するアドバイス

日本でアパート経営をする場合も同じですが、家賃収入が得られたとしても、ローンを組む額が大きいと、家賃に比べ金利の支払いが大きくなり、収益が上がらなくなってしまいます。

ですから、賃貸に回して家賃収入を得るという、インカムゲイン狙いの投資案件としてマレーシア不動産を取得するならば、大きなローンは組まず、キャッシュで購入できる物件にとどめるようにすべきです。

アジアの成長センター＝フィリピン

昔は腐敗政治がまかり通っており、治安も非常に悪いというイメージが先に立ったフィリピンですが、ここにきてＡＳＥＡＮがアジアの成長センターとして注目される中、フィリピン経済も、徐々に拡大しつつあります。

特に外資の受け入れ体制が整うとともに、財政健全化に向けての努力が重ねられていることが、フィリピン経済の復興に寄与しています。

経済が回復すれば、当然、フィリピンの株式や不動産など、資産の価値が値上がりする可能性が高まります。ここ数年、フィリピンでは資産価値が上昇トレンドをたどっており、例えば不動産だけを見ても、不動産価格は年平均７％以上の上昇率を維持する地区もあります。家賃収入などのインカムゲインを見ても、年８％程度の利回りが期待できる物件も多いと言えます。加えて、空室率が10％以下に抑えられていることも、現地で不動産物件を購入し、それを賃貸に回して運用するという場合、有利な条件のひとつと言えるでしょう。

ではここで、フィリピン経済の水準というのは、現状、どのレベルにあるのかを見ていきましょう。

まずＧＤＰですが、１人あたりで見ると約２８００ドルです。これは、マレーシアやタイに比べれば決して高くはないのですが、その分、今後の成長期待が大きいとも言えます。物価水準は、日本の５分の１程度。不動産の価格も安くなりますが、それは同時に、大きな値上がり益が期待できることも意味します。

ちなみに過去のＧＤＰ成長率を見ると、

２００９年＝１・１％

２０１０年＝７・６％

２０１１年＝３・６％

２０１２年＝６・８％

２０１３年＝７・２％

というように、２００８年のリーマンショック後の落ち込みも一時的で、順調に推移しています。

また、ＧＤＰ成長率の伸びと同時に、失業率は２００３年の12・6％から、２０１３年は7・０％まで改善。インフレ率も２００９年の４・２％から２０１３年は２・８％まで低下しており、経済が徐々に安定しつつあることがうかがえます。

若い人口構成が今後の経済成長を後押し

経済が成長を続けていくのかどうかには不確定要素がありますが、フィリピンの場合、構造的に今後も高い経済成長率が続く可能性が高いと言えます。その理由は人口構成です。人口は１億人程度で、人口ピラミッドはきれいな三角形を描いています。フィリピンの魅力は人口増加に裏打ちされた経済成長にあり、それは不動産を購入する潜在購入層も大勢いることを意味しています。

10年前、フィリピン経済は東南アジアの成長から完全に取り残されていました。それが今は、財政健全化に成功し、経常黒字国に転じたことから、成長軌道に乗ってきています。経済成長に伴い、治安もよくなってきたことが、フィリピンに大勢の人を引き寄せる原因

フィリピンの概要

■基本情報

人口	約１億人（年齢中央値23.3歳）
GDP	2722億700万ドル
1人あたりのGDP	2792ドル
GDP成長率	7.2%（前年比）
物価水準	日本の５分の１程度
日本人滞在者（2012年）	約１万人
公用語	フィリピン語、英語／TOEICランキング19位
通貨（2014年２月13日）	1 PHP（ペソ）＝2.3円

※CIA、IMF、JETRO、TOEIC などのデータをもとに作成
※特記以外は2013年のデータ

■不動産投資の分析

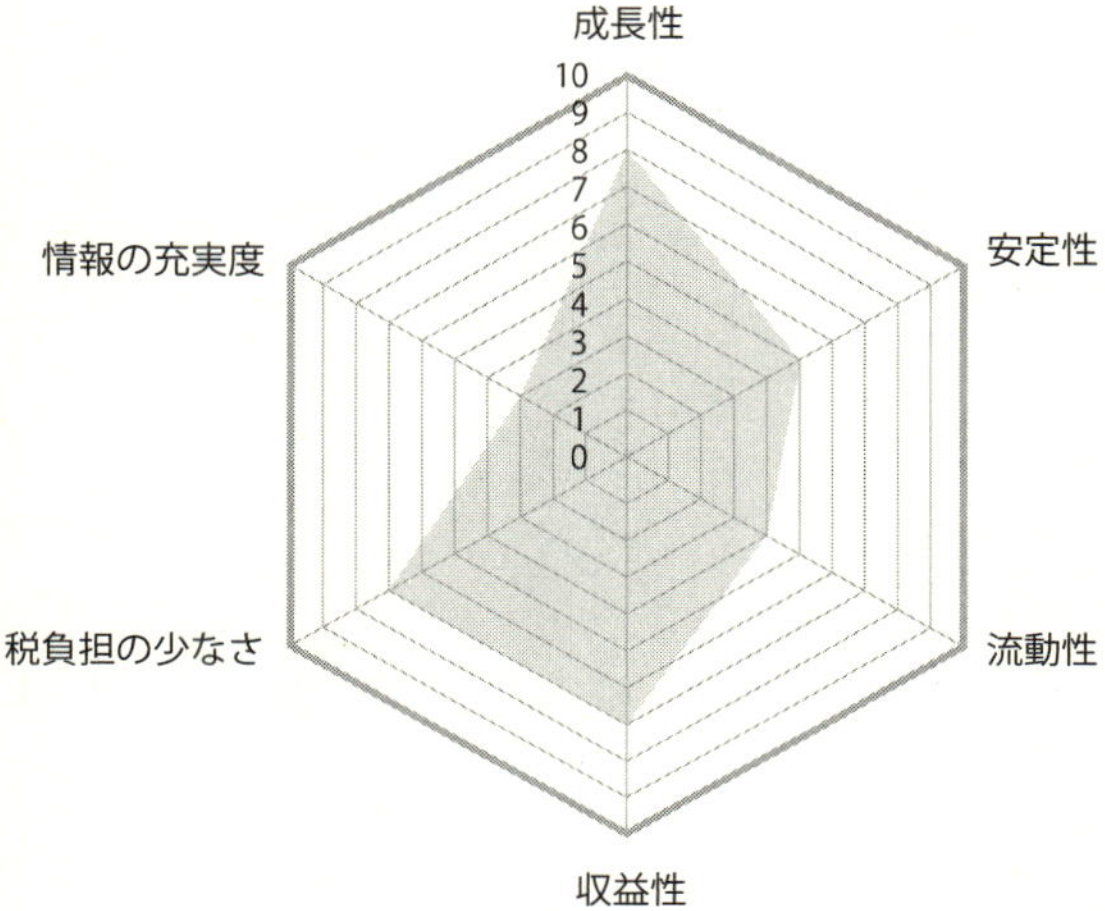

のひとつになっています。ＨＳＢＣが２０１２年に発表した「２０５０年の世界経済規模ランキング予測」によると、フィリピンは世界第16位にランキングされており、今後、東南アジアでも最大級の経済大国になる可能性を秘めていると言えるでしょう。

経済の成長軌道がしっかりしてくれば、それに伴って資産の価値も上昇してきます。フィリピンの首都中心部の不動産価格を見ると、２００３年前後から上昇トレンドを描いています。さすがにリーマンショックは、一時的に地価を押し下げましたが、その後は再び上昇トレンドに転じ、近年では、年９～13％の上昇率を実現しています。

日本では手に入らない豪華なコンドミニアムもあり

フィリピンの中心地、マニラ首都圏には、大きく４つの地区があります。

第１はマニラ市で、フィリピンの首都です。16世紀末からの首都で、西洋文化と東洋文化が融合した大都市として発展してきました。

第２はマカティ中心部（セントラル）で、ここは日本の丸の内や大手町をイメージして

マニラ首都圏と4つの注目エリア

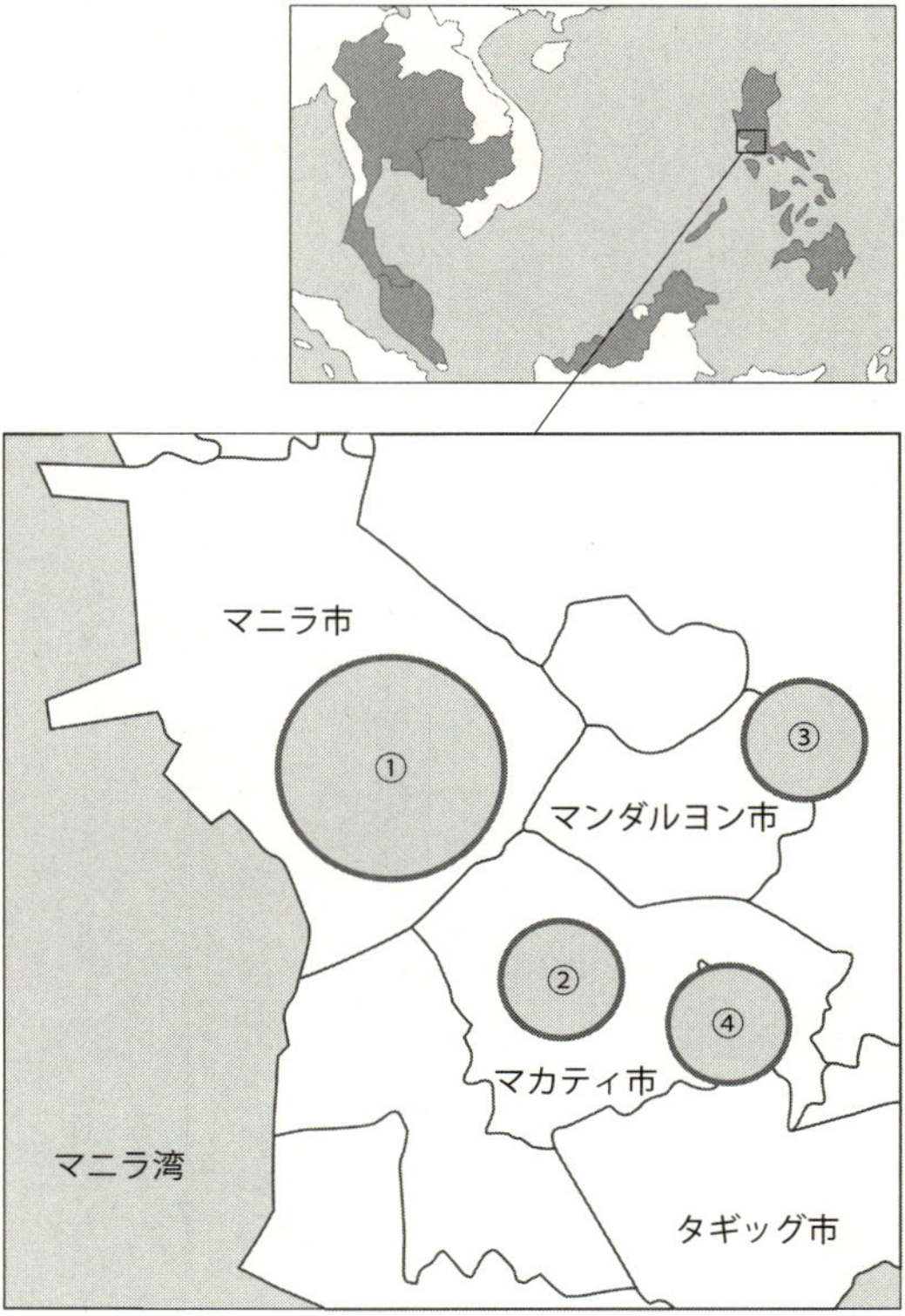

① **マニラ市**
16世紀末からの首都

② **セントラル**
フィリピンのウォール街

③ **オルティガス**
金融＆ビジネスの街
BPO産業の中心地

④ **グローバルシティ**
近未来都市

いただければいいでしょう。ビジネス地区で、フィリピンのウォール街とも言われています。

第3はオルティガス地区で、ここも金融やビジネスの中心街。特にＢＰＯ産業の集積地でもあります。ＢＰＯとはBusiness Process Outsourcingの略で、顧客企業の業務の一部を請け負うビジネスのことです。コールセンター業務などがこれに該当します。ちなみに、現在フィリピンのコールセンタービジネスは世界一の規模を誇っています。

そして第4がグローバルシティ地区で、ここは民間企業が公共施設の運営を行っている地区でもあります。

これから建設が予定されているコンドミニアムの中には、中心地に建てられた、非常に交通アクセスのよい物件も少なくありません。主な間取りはスタジオタイプから1ベッドルームで、広さは50平方メートル前後。さらに共有施設も充実しており、大型プールやジム設備、プレイグランド、多目的ホール、ガーデンといった、余暇を過ごすための設備が充実していることに加え、Ｗｉ－Ｆｉも完備されています。プールなどの設備が付いていることを考えれば、日本以上の充実した設備が整っていると言ってもいいでしょう。

今注目されている投資エリアは、先に紹介したマニラやマカティ、オルティガス、グローバルシティといったビジネスエリアとそこにアクセス至便な近郊地域です。ビジネス地区への通勤が容易であることが物件選択のポイントになります。さらに近郊地域では、複数の学校（幼稚園から大学）や病院、教会、スーパー、ドラッグストアなど、生活をする上で必要なインフラが整っていることが重要です。

低コストで取引可能なフィリピン

フィリピンの不動産の購入時にかかるコストは次の通りです（対売買価格または評価額の高いほう）。

- 印紙税＝1・5～2％
- 移転税＝約0・5％
- 不動産登記費用＝約1～2％
- VAT（付加価値税）＝320万ペソ（約736万円）以上の物件に対して12％

フィリピン不動産投資のコスト

購入時コスト

印紙税	1.5～2%
移転税	約0.5%
不動産登記費用	約1～2%
VAT（付加価値税）	物件価格の12% （320万ペソ以上の物件のみ）

保有時コスト

不動産税	評価額の1～2%
特別教育基金 （マニラ首都圏のみ）	評価額の1%
火災保険料	0.4%（概算）
組合管理費	月額40ペソ/㎡～（概算）

＊賃貸運用時

所得税	国内で働いていない外国人の場合25%
委託管理手数料	家賃の1カ月分、または10%程度

売却時コスト

キャピタルゲイン税	6%

【購入時】
※印紙税、移転税、不動産登記費用の割合は物件によって異なる。

購入時のコストは、物件価格に対して5％程度と考えてよいでしょう。マレーシアで物件を購入するのに比べると、やや高めというところです。

次に保有時にかかるコストですが、不動産税は評価額の約1～2％（地域によって異なる）、火災保険料は約0・4％、そして組合管理費が1平方メートルあたり月額40ペソ程度からになります。マニラ首都圏の場合は、これに特別教育基金というコストがかかります。この特別教育基金は、評価額に対する1％です。

また、保有している不動産を賃貸に回している場合は、受け取った賃貸収入に対して所得税がかかってきます。国内で働いていない外国人の所有に対しては25％です。

これに加えて委託管理手数料として、家賃の1カ月分または10％程度がかかります。これは賃貸管理会社によって異なります。

売却時には、キャピタルゲイン税として、売買価格または評価額のいずれか高いほうに対して6％が課税されます。

ケース2　将来の年金代わりに500万円の金融資産を運用

フィリピンの不動産投資の魅力は、日本に比べてはるかに安い価格で、より設備の整った物件が手に入れられるということです。実際、マカティにある最高級コンドミニアムの平方メートルあたりの単価は、東京都心の最高級マンションに比べて5分の1～4分の1程度になります。

あるいは最高級コンドミニアムでなければ価格水準が非常に低いため、手を出しやすいというメリットもあります。

日本のメーカーに勤務するBさん（43歳／男性）もその一人。保有している金融資産は500万円程度ですが、これから年金なども厳しくなることを見越して、リスクヘッジの一環として、海外の不動産投資を行おうと考えています。

そこで、首都マニラの中心地に建てられているものの、比較的安い価格帯で購入できる物件に注目しました。

Bさんが購入したのは、首都マニラの2大ビジネス街、マカティ、オルティガスへのアクセス性に優れ、近隣には商業施設も豊富な現地の中流層向けコンドミニアムです。新興国ならではの交通渋滞が激しいマニラ首都圏では、都心で働くビジネスパーソンたちは主要ビジネスエリアの近くに住むことを好みます。また、周辺に生活利便施設があることも高ポイントで、この物件には現地の中流層が不動産選びの際に重視する条件が揃っていました。

また、都心から2キロメートルの距離ではあるものの、販売価格、賃料水準も手頃であるため高い人気を集めており、完成済みの6ブロックはほぼ完売し、入居率も約9割という高水準を誇るコンドミニアムです。

Bさんが5年前に、プレビルドの状態で約73万5000ペソ（約169万円）で購入した21平方メートルの部屋も、物件完成後、入居希望者がすぐに現れ、現在の家賃収入は月額8420ペソ（1万9360円）、グロス利回りは年13・7％という高水準に達しています。

フィリピン不動産投資をしたBさんの収支

■購入金額　73 万 5000 ペソ（約 169 万円）
⇒初期費用＝ 16 万 7200 ペソ（約 38 万円）
■収益
家賃収入／年間　10 万 1040 ペソ（約 23 万円）
純利益／年間　　　4万 7800 ペソ（約 11 万円）

グロス利回り ＝ 13.7%

ネット利回り ＝ 6.5%

※利回りは初期費用を含まず計算
※ネット利回りの算出には、所得税等の諸税や賃貸運用時の管理委託費用を含む。

＊投資に関するアドバイス

フィリピンの不動産価格は、つい10年ほど前まで、同国の経済が停滞していたため、今でも割安の水準に放置されたままになっています。したがって、海外不動産を比較的小額で購入したいという場合は、フィリピンが有力候補になります。

ただし、立地条件によってはテナント付けが難しいケースもあり、吟味が必要です。また購入後の管理体制もしっかり確認しましょう。

投資熱が高まるＡＳＥＡＮ経済のハブ＝タイ

失われた20年と言われている日本経済を尻目に、この20年でのタイの経済指標は１９９７年のバーツ危機等を除いたほとんどの年で右肩上がりを記録しています。また、東洋のデトロイトを目指し、自動車産業に力を入れたことが功を奏して、東南アジアにおける自動車製造基地のリーダーとしての地位を築いています。

今後は労働集約産業からＲ＆Ｄ（研究開発）等への高付加価値産業への転換へとシフト

していくでしょうが、これまで築いた工業インフラの下地がしっかりしているため、海外からの投資マインドは衰える様子がありません。

２０１５年には、ＡＳＥＡＮ域内の関税が完全撤廃されます。ヒト・モノ・カネの交流はさらに増し、空・海・陸というすべてのルートにおいてＡＳＥＡＮのハブになっているタイは、その大きな恩恵を受けると予想されます。

すでに、ミャンマーと接しているカンチャナブリの地価が急騰していたり、同様なことがラオス国境沿いの町、ムクダハンでも起きていたりします。

今までは、バンコクとそれ以外、というくくりでしかなかったタイ経済ですが、それぞれの地方の経済も大いに成長の可能性を秘めています。

手堅いインカムゲインが狙えるコンドミニアム

タイではローンが一般的に組めない事情から、不動産投資を行えるのは、金融資産が比較的多い投資家に限られます。

タイの概要

■基本情報

人口	約6749万人（年齢中央値35.1歳）
GDP	4009億1600万ドル
1人あたりのGDP	5878ドル
GDP成長率	3.1％（前年比）
物価水準	日本の3分の１程度
日本人滞在者（2012年）	約5万人
公用語	タイ語／TOEICランキング40位
通貨（2014年２月13日）	１THB（バーツ）＝3.1円

※CIA、IMF、JETRO、TOEIC などのデータをもとに作成
※特記以外は2013年のデータ

■不動産投資の分析

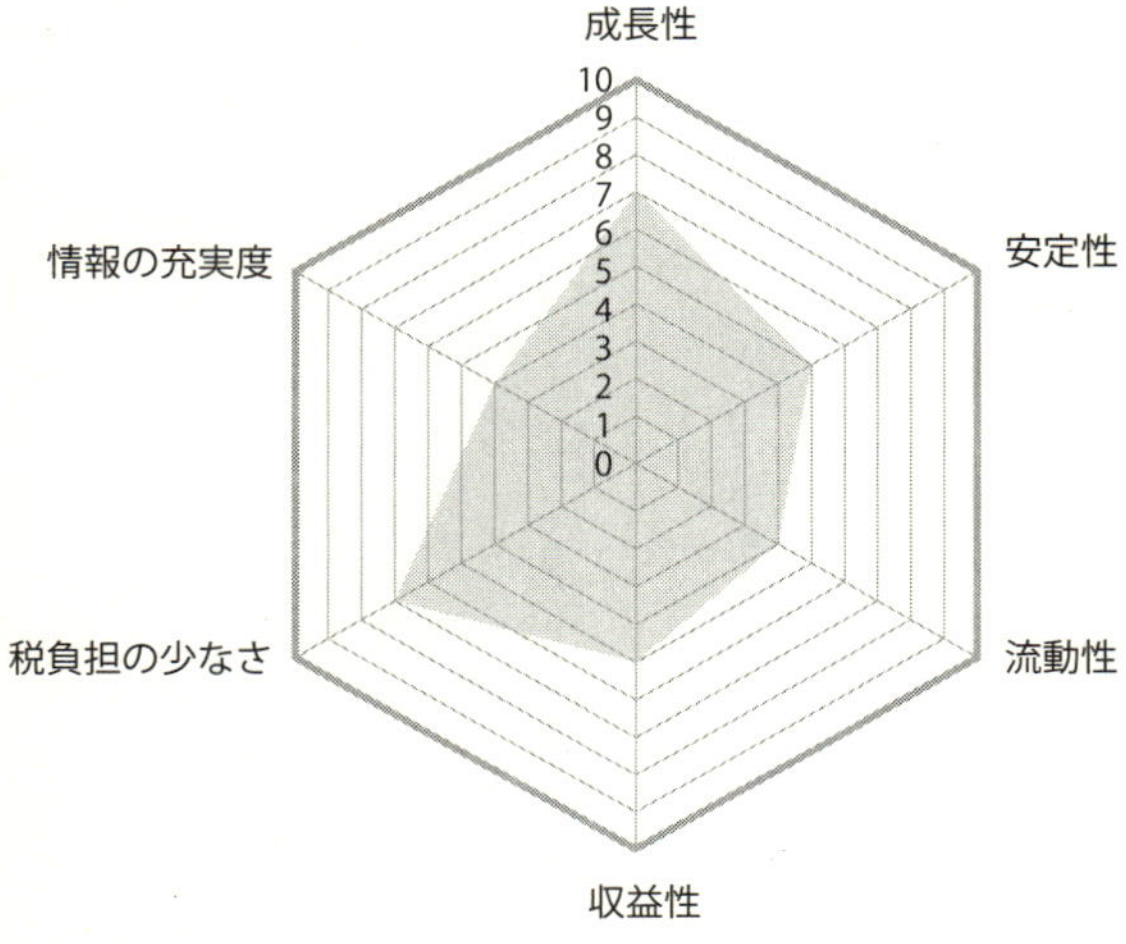

短期でキャピタルゲインを得る投資というよりは、日本人が集中しているスクンビット地域での、手堅いインカムゲイン狙いの投資が中心です。最終的には、老後はタイに住めばいいと考えている投資家も相当数に上ると思われます。

日本の投資家が買うレベルは、平米単価が8万バーツから18万バーツくらい、平均すると約14万バーツ（約43万円）ほどです。一般的に1ベッドルーム、50平方メートルで物件価格が約700万バーツ（約2200万円）。それを大体4万バーツで賃貸に回せばグロスで6・9%の利回りになります。ちなみにタイの平均的な物件のグロス利回りは6%前後で推移しています。

先にも述べたようにバンコクの物価は日本の3分の1程度。不動産価格も日本に比べると格安です。また、耐震基準も緩やかなことから、デザイン性に富み、特に新築物件はクオリティの高い物件が増えています。

しかし、バンコクの中心街の物件価格は、東京と比較して3分の2くらいの水準まで値上がりしてきています。

コンドミニアム投資なら日本人街のスクンビットが狙い

狙い目の地域を挙げるのであれば、金融街に近いシーロム、サトーン地区、欧米人に人気のランスワン地区でしょう。

ただ、バンコクでのコンドミニアム投資には、日本人街のスクンビット地区がおすすめです。なぜならロケーションさえ間違わなければ、空室の恐れも低く、手堅いインカムゲインが期待できるからです。

この地域は世界でも類を見ないほど日本人が集中している街であり、4キロメートル四方のエリアに約4万人の日本人が住んでいるとも言われています。またこのエリアに住む日本人は駐在員がほとんどで、住宅需要が常に強い地域です。渋滞の影響でスーパーや駅に近い物件が人気となっています。この条件に沿って、シンプルモダンな家具をセットアップすれば、空室の確率はかなり低くなります。さらに、タイの物件でありながら、「世界で一番きれいに部屋を使用する」と言われ、「家賃の滞納率が低い」とされる日本人がテナントとなる可能性が高いため、コンドミニアムオーナーとしてはベストに近い条件と言

タイの投資エリア

えるでしょう。また、賃貸に強い不動産会社から購入すれば、賃貸付けも最優先してくれます。

他の都市であれば、バンコクから約1時間半のリゾート地パタヤが面白いでしょう。ヨーロッパや中国から観光客が年中押し寄せ、リゾート地として発展してきました。

パタヤから車で30分ほどで通える距離のところに大型の工業団地もあるという立地のよさから、日本人投資家を対象にしたアパート、コンドミニアムの開発も行われています。平米単価もまだバンコクの60％程度なので、値上がりの余地はあるでしょう。ただし、タイに限らずプレビルドの物件は、デベロッパーの信用力をかなり綿密にチェックしないと、完成せずに計画が頓挫《とんざ》するリスクがあることに注意が必要です。

では、どのようにしてデベロッパーを見分ければよいのかですが、すでに複数のプロジェクトを成功させたデベロッパーであれば、信頼してもいいでしょう。また、気に入った物件があった場合、そのデベロッパーが以前建設した物件を見学すればデベロッパーの施工のクオリティが概ねつかめるはずです。

取引コストはアジア新興国の中でも格段に低い

タイの不動産取引は、日本に比べて購入・保有・売却にかかるコストが低いことも魅力です。外国人がタイでコンドミニアムなどの不動産物件を購入する場合、基本的にあまり制約はありませんが、次の2点に気をつけてください。

ひとつは土地付きの物件は購入不可なこと、もうひとつはコンドミニアム総床面積の49%までが外国人に販売可能という規則があるということです（抵触する可能性は低いですが、確認は必要です）。

厳しい条件をクリアすればローンも利用できますが、金利が高いことからあまり利用されていない状況です。したがって、キャッシュでの購入が基本です。

取得時にかかるコストは、名義変更料として公的機関に支払う、購入価格の2%のみです（通常売主と折半で1%になります）。日本と比べてかなり低くなります。

次に保有時にかかるコストですが、固定資産税はかかりません。所得税はタイ国内課税所得に対し、15万バーツまでは非課税で、それ以上は最大35%の累進課税となります。

その他、管理費が平米単価で約１５０～２００円とこちらも割安です（ビルにより異なるが、50平方メートルであれば月の管理費は７５００～１万円程度）。

そして売却時のコストですが、不動産仲介手数料に加えて、物件価格に対して次のような諸費用がかかります。

- 名義変更料＝購入価格の２％（通常買主と折半で１％）
- 特別事業税＝３・３％（売主の保有期間が５年未満の場合）
- 印紙税＝０・５％（保有年数５年以上の場合）
- 所得税＝売主の保有年数および所得税率より算出

短期の売買でも税率が低いため、キャピタルゲインを狙えますが、現在は値上がり幅もあまり大きくないので、じっくりインカムゲインを貯めながら、売り時を待つのがよいでしょう。

また、タイでは相続税、贈与税がゼロであることもひとつの魅力となっています。住みやすい上に、資産を引き継ぐ際の税金がかからないので、移住を目指す人が近年増えてきているのです。

タイ不動産投資のコスト

購入時コスト

名義変更料	購入価格の 2% （通常売主と折半で 1%）

保有時コスト

管理費	平米単価約 150 ～ 200 円 （物件により異なる）
所得税	最大 35%までの累進課税 （15 万バーツまでは非課税）

売却時コスト

名義変更料	購入価格の 2% （通常買主と折半で 1%）
特別事業税	売却価格の 3.3% （保有期間が 5 年未満の場合）
印紙税	0.5% （保有期間が 5 年以上の場合）
所得税	売主の保有年数および 所得税率より算出

ケース3　将来的なリタイアも視野に入れ不動産を購入

アメリカの不動産投資で成功した55歳のCさん（男性）は、他の海外不動産の情報にも明るく、リタイア後は住みやすいバンコクにと決めていました。そこで、まずは現地の雰囲気を知ることもかねて、投資用コンドミニアムを探していました。

Cさんが購入したのはスクンビット通りに建つ高級物件です。この地区は前述の通り日本人が多く、Cさんが考えるリタイア後の住居としては最適な場所と言えます。

物件の広さは60平方メートルほどで、購入価格は990万バーツ（約3069万円）。平米単価にすると16万5000バーツ（約51万円）です。この物件はプール付きで豪華な内装ということもあり、現地の物件の中でも割高な部類にはなりますが、すぐに日本人の借り手が付き、年間のグロス利回りは7％強。現在は空室待ちが出ているほどの人気物件となっています。

そのため、現在の借り手である日本人一家が転勤などで退去した場合は、賃料設定を見直し、値上げしてもすぐに次の借り手が見つかるはずです。また、その一家が長く住み続けたとしても、それだけの人気物件であれば、賃料の値上げもそれほど難しくはなく、どちらにしてもさらなるインカムゲインが期待できます。

また、保有して1年足らずで平米単価が19万バーツに上がったため、その時点でキャピタルゲイン狙いの売却に踏み切っても150万バーツの利益が出る計算です。

Cさんの投資が成功したポイントは、人気エリアの高額物件へ投資したことです。高い経済成長に後押しされ、高い物件がまた高くなるという現象がバンコク不動産には時々見られるのですが、その波にうまく乗ることができたというわけです。

＊投資に関するアドバイス

バンコクの不動産投資は、価格上昇により成熟マーケットを形成しつつあります。短期的なキャピタルゲイン狙いは、難しいと言えるでしょう。

ロケーションをしっかりと吟味し、クオリティも確かめてから慎重に行動すべきです。確実なインカムゲインを狙い、中期保有で売り時を狙うのが、バンコクでの不動産投資戦略だと言えるでしょう。

タイ不動産投資をしたCさんの収支

■購入金額　990万バーツ（約3069万円）
⇒初期費用＝15万バーツ（約50万円）
■収益
家賃収入／年間　72万バーツ（約240万円）
純利益／年間　　60万バーツ（約200万円）

グロス利回り ＝7.2%
ネット利回り ＝6.0%

※利回りは初期費用を含まず計算

工業国としての急成長が投資の魅力を高める＝カンボジア

カンボジアと言えば、かつては非常に危険な国で、アジアの最貧国というイメージがありましたが、今はむしろ急成長国のひとつとして注目されつつあります。

カンボジアの人口は１５００万人強で、１人あたりＧＤＰは９２５ドル。経済規模は、フィリピンなどに比べても、はるかに小さいのが現状です。ただ、成長ピッチが非常に速く、２０１３年のＧＤＰ成長率は７・０％。今後も引き続き７％台の成長率が維持できそうです。

過去の経済成長ぶりを見ても、着実に経済が拡大しているのがわかります。また、２００８年には25％まで高まったインフレ率も、２０１２年は２・５％まで低下してきています。カンボジア開発研究協会によれば、政府が人材とインフラの投資を適切に行えば、２０３０年までにＧＤＰを５・２倍に引き上げられるとコメントしています。またアジア開発銀行は、今後20年間のカンボジアの経済成長率を平均８・１％と予想しています。

カンボジア経済が今後も高い成長率を維持できると予想される理由は、その人口構成にあります。

同国の平均年齢は23・7歳。これは、タイの35・1歳やベトナムの28・7歳よりも低い数字です。確かに人口そのものは、約１５００万人と他のアジア近隣諸国に比べて少ないのですが、そのうち30歳以下の労働人口が５００万人を占めています。

ちなみにタイや中国は20歳未満人口が30％以下であり、若年層人口の割合が少ないのが現状です。若い世代の人口が多いほど、将来、積極的に消費活動を行う可能性が高いことから、カンボジア経済は今後、急速に発展するだろうと見られています。

こうした中、カンボジアは農業国から工業国へと転換を進めています。そもそもカンボジアは天然資源が乏しい国であり、成長の活路を労働集約的な工場生産に求めるしかありません。実際に首都であるプノンペン近郊には多数の工場が設立され、大勢のカンボジア人を雇用しています。

カンボジアの概要

■基本情報

人口	約1520万人（年齢中央値23.7歳）
GDP	156億4200万ドル
1人あたりのGDP	925ドル
GDP成長率	7.0%（前年比）
物価水準	日本の5分の1程度
日本人滞在者（2012年）	約1200人
公用語	クメール語／TOEICランキング—
通貨（2014年2月13日）	1 KHR（リエル）＝0.025円 ただし、米ドルが広く流通

※CIA、IMF、JETRO、TOEIC などのデータをもとに作成
※特記以外は2013年のデータ

■不動産投資の分析

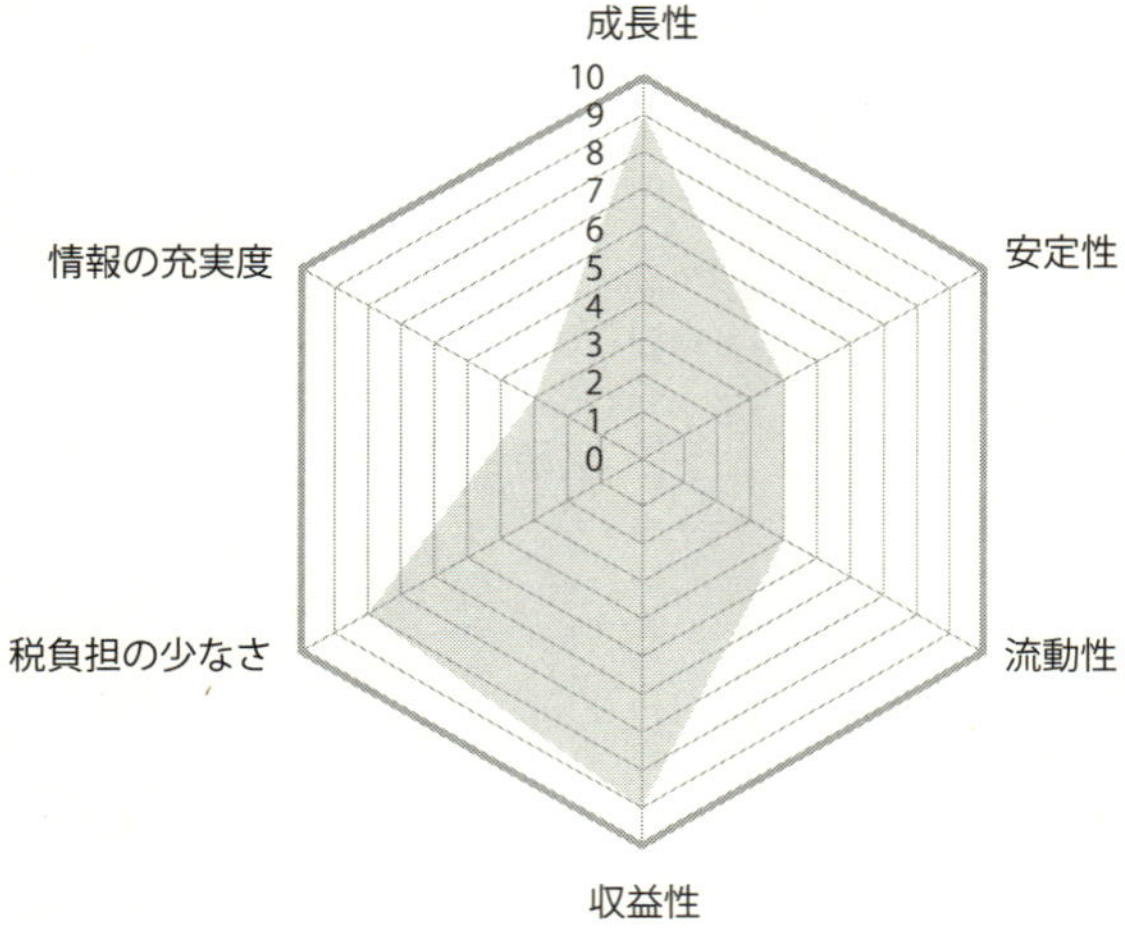

南アジアの物流の拠点としても発展

　また、プノンペンは、南部経済回廊と呼ばれる物流ルートにおけるハブになっています。南部経済回廊とは、ベトナム（ホーチミン）→カンボジア（プノンペン）を結ぶ国道1号線、カンボジア（プノンペン）→タイ（バンコク）を結ぶ国道5号線、そして、プノンペン→シアヌークビル港を結ぶ国道4号線から成り立っています。この物流ルートが機能することで、モノの輸送日数が大幅に減少することに加え、そのハブとなるプノンペンにはヒトやモノ、カネが集まり、さらに経済が発展拡大していく可能性を秘めています。

　また、経済力の高まりとともに、カンボジア国民の生活水準も徐々に上昇してきています。2013年5月、カンボジアのフン・セン首相は、縫製・製靴《せいか》企業を対象にして、月間の最低賃金を61ドルから75ドルに引き上げることを公表しました。その理由は、労働力を安定させるとともに、利益を損なう恐れがあるストライキやデモを避けるためでしたが、いずれにしても日本の高度経済成長期を彷彿とさせる話です。

　このように、持続的な経済成長が期待できると、当然、その国には諸外国から投資資金

物流のハブとして経済発展が期待されるカンボジア

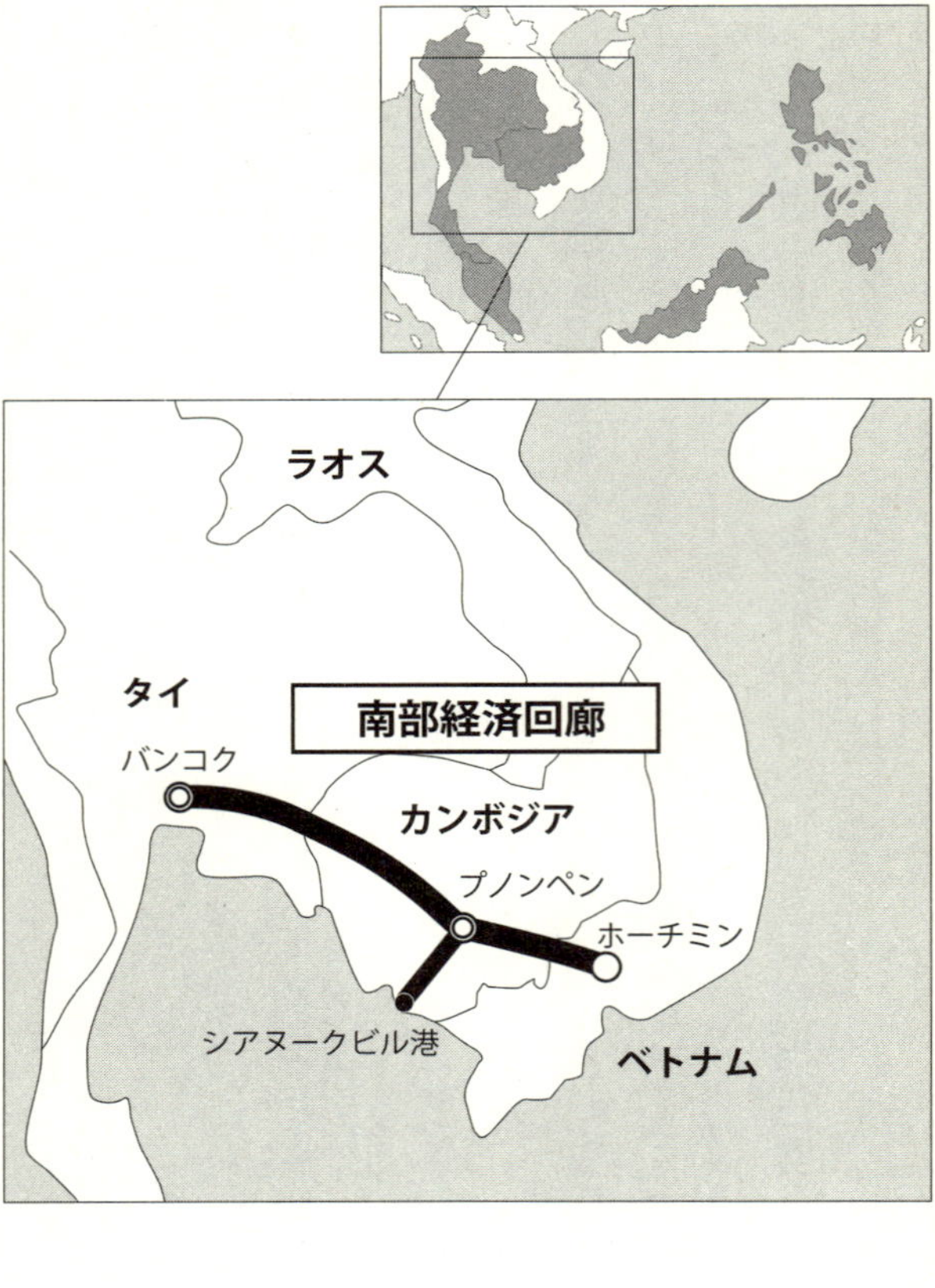

が流入してきます。結果、不動産価格の上昇も期待できるようになります。

２００５年から２００８年のバブル期には、10倍以上という急激な地価上昇が起こりました。しかし、２００８年にリーマンショックが起こり、その影響を受けて、カンボジアの不動産価格は半値にまで値下がりしましたが、その後は徐々に回復し、再び上昇傾向にあります。ちなみにプノンペン市内で言えば、ここ数年は平均で10～15％の上昇率となっています。

大規模開発で大型コンドミニアムが次々と出現

今、カンボジアでは大規模な開発プロジェクトが目白押しです。

カンボジア不動産の特徴としては、まず高いインカムゲインが期待できること。また、今後の経済成長に伴い、キャピタルゲインも期待できます。

外国人がカンボジア不動産に投資する場合は、基本的にコンドミニアムが中心になります。そのコンドミニアムも、２００８年以降、大型物件がすでに５つも完成しています。

本書を執筆している2014年3月現在では、2017年に完成が予定されている「D・I Riviera（リビエラ）」がプノンペン随一の高級大型プロジェクトとして有名です。ビルを3棟つなげた形で、屋上にはプールが造られる予定です。シンガポールのマリーナ・ベイ・サンズと似た造りで、ハーバービューの最高級の部屋は約1億円もします。

ボンケンコンは、外国人が多く住んでおり、インターナショナルスクールも多い高級エリアで、東京の広尾や青山のようなところです。ここに建てられている「De Castle（デ・キャッスル）」は2014年半ばに完成予定。物件価格は、80平方メートルの部屋で1500万円程度となっており、これを賃貸に回して家賃収入を得ることもできます。

なお、カンボジアの不動産物件は、早期に支払いをすれば、購入価格からの割引も可能です。早く資金を回収できればそれだけデベロッパーの資金繰りも楽になるからです。

カンボジアでは米ドルを使うことができ、日常の生活に必要な支払いは米ドルでも可能です。したがって、不動産を購入する場合の支払いも米ドルになりますし、家賃の受け取りも米ドルになります。ここが他の新興国の不動産投資と大きく異なる部分です。

米ドルで決済できたほうが、為替リスクの軽減効果が得られます。新興国通貨は為替レートが乱高下する恐れが大きいからです。米ドルであれば、多少、為替レートが上下することはあっても、余計なリスクに頭を悩ませる必要が少なくてすみます。

なお、金利水準が高いので、カンボジアの不動産を購入する場合は、現金決済が基本であると考えておきましょう。

法整備が進んでおらず税制面でも有利

では、デ・キャッスルを例に挙げて、コストを考えてみましょう。

まず購入時にかかるコストです。この物件は32階建てのタワーマンションの26階、広さ74・25平方メートルです。購入価格は14万5090ドルですが、まだ完成する前に購入したため、5%割引で、実際に購入した際の価格は13万7836ドル（約1378万円）でした。

購入時のコストは、まず登記税。購入価格に対して4%がかかります。購入価格は実際に購入した際の価格である13万7836ドルで、この4%ですから、5513ドルになります。

加えて仲介手数料が3％です。これも実際の購入価格に対する3％ですから、4135ドルになります。また、家具も必要です。家具にかかる経費は3000ドルと見積もっておきました。

これらを合計した額が初期コストで、金額は1万2648ドル（約126万円）です。

保有している間もコストがかかります。管理費としては、年間1200ドルを見込んでいます。加えて管理手数料が年間1296ドル。さらに固定資産税が評価額の0・1％程度で、この場合は50ドルです。また、不動産賃貸収入税として、賃貸収入の14％が徴収されることになっています。

そして売却時ですが、カンボジアの場合、現状、外国人の確定申告制度はないため、キャピタルゲイン税は実質ゼロです。ただし、日本に居住している人には、日本国内での納税義務があります。

基本的に、カンボジア不動産投資は、税負担が小さくなっています。

カンボジア不動産投資のコスト

購入時コスト

登記税	購入価格の4%

保有時コスト

管理費	賃貸収入の5%
管理手数料	1㎡あたり0.9ドル程度／月
固定資産税	評価額の0.1%程度
不動産賃貸収入税	賃貸収入の14%

売却時コスト

キャピタルゲイン税	現状外国人の確定申告制度はないため 実質的にゼロ

ケース4　年収1000万円台からの投資も可能

40代前半、大手メーカー勤務のDさん（男性）は、ダブルインカムで世帯収入が1800万円ほど。投資経験は長いけれども、不動産投資の経験はなく、もっぱら日本企業の株式にばかり投資してきました。ただ、気が付くと保有している資産は国内資産ばかり。今後、日本経済が縮小していった場合のリスクを考え、海外にも資産を持とうと考えたのです。「できれば、長期的にインカム収入が入ってきて、かつ値上がり益も期待できるものがいい」。そう思ったDさんは、海外不動産投資に目を付けました。

ただ、マレーシアの不動産にはすでに多くの日本人が投資を始めていて魅力が薄れている。もっと経済成長の期待できる地域に不動産を保有したい。そう考えてさまざまな本を読み、海外不動産セミナーなどに参加して見つけたのが、カンボジアの不動産でした。

思い切って、現地のスタディツアーに参加し、実際にカンボジアの街を歩いたところ、かつての危険なイメージは微塵もなく、明るい未来を感じさせる国だった点が気に入り、タワー型のコンドミニアムを購入しました。

とは言え、この物件はプレビルドのため、現在はまだ建設中。具体的なイメージをつかむため、Ｄさんは物件を購入する前に、同じデベロッパーによって建てられた別のタワー型コンドミニアムを見学しました。施工技術などには特に問題はなさそうでしたので、そのまま購入を決め、手付金として３００ドルを支払いました。

購入物件は、ボンケンコン地区にありますが、ここには高層のコンドミニアムがほとんどなく、高層階には希少性があると判断できます。そこでＤさんは、高層階の部屋を購入しました。

なお、高層階への投資金額は、80平方メートルの部屋で約14万５０００ドル（約１４５０万円）。近所にある外国人向け高級賃貸物件の家賃を調べたところ、賃料は１５００ドル程度で、グロスで見た場合の利回りは10％を上回りそうです。

まだ完成していませんが、カンボジア経済の成長を見るとインカムゲイン・キャピタルゲインともにかなり期待はできそうです。

カンボジア不動産投資をしたDさんの収支（予想）

■購入金額　14万5000ドル（約1450万円）
⇒初期費用＝1万150ドル（約101万円）
■収益
家賃収入／年間　1万8000ドル（約180万円）
純利益／年間　1万5454ドル（約154万円）

グロス利回り ＝ 12.4%

ネット利回り ＝ 10.6%

※利回り計算のコストは、管理費：100ドル／月として1200ドル、管理会社手数料：平米0.9ドル／㎡、契約面積120㎡として年間1296ドル、固定資産税：50ドル（不確定）を反映して計算しています。

＊投資に関するアドバイス

カンボジアは経済成長率が高く、今後の不動産価格の上昇も期待できますが、新興国の中では、リスクの高い投資エリアと言えます。また、投資物件の選択肢があまりなく、物件によるクオリティの格差が大きい点にも注意が必要です。日本人を対象にした投資詐欺の被害も出ているようですので、信頼できる業者を選び、必ず現地を視察するようにしましょう。

これから狙い目の新興国＝バングラデシュ

南アジアにはスリランカなど海外不動産投資が可能な国がいくつかありますが、次の投資国候補として検討できるのが、バングラデシュです。

バングラデシュは、１９７１年にパキスタンから独立したインドの東側にある国です。国土面積は日本の40％ほど。人口は1億６７００万人。人口密度は、1平方キロメートルあたり１０１９・８人と日本の3倍で、１・５％を超える人口増加率を見せる若い国です。

経済成長率は6％程度ですので、カンボジアやフィリピンに次ぐ高さと言えます。

1人あたりのGDPで比較してみると、マレーシアが約1万ドル、タイが約6000ドル、フィリピンが約3000ドル、カンボジアが約1000ドルの水準に対し、バングラデシュは約1100ドルです。

バングラデシュの不動産投資の魅力には次の3つがあります。

ひとつ目は外資による不動産購入の規制が緩いことです。バングラデシュでは外資が土地を買うこともできます。カンボジアやタイ、フィリピンなど、コンドミニアムの区分所有権が持てる国は多いですが、土地の所有については制約がある国がほとんどです。それに比べると外国人の不動産投資規制が最も緩いと言えます。ただし、個人の購入ではなく、法人設立が必要です（設立費用は50万円程度）。

2つ目は、圧倒的な人口密度です。特に首都ダッカには東京23区の2・5倍くらいの人口が集中します。このため、まだ居住用物件が不足しており、賃貸物件のネット利回りは10％以上も珍しくありません。需給がタイトなことから、空室率も極めて低くなっています。不動産投資には何とも理想的な環境です。また、国民の平均年齢は23歳と若く、人口ピラミッドも三角形で、将来の労働人口の増加と、それに伴うさらなる住宅需要の増大が期待できます。

3つ目がインフラの急速な整備です。地下鉄やモノレール、さらに高速道路に発電所。今まで不足していたインフラが先進国のサポートで次々と完成していく予定です。交通渋滞やエネルギー不足が解消すれば、経済が新しい成長フェーズに入ります。

バングラデシュの不動産投資戦略

バングラデシュの不動産への投資方法としては、土地を購入する、コンドミニアムを購入するという2つの方法が考えられます。

土地を購入する場合、更地として保有して、そのまま開発による価格の上昇を待つこともできますし、建物を建設して、賃貸物件として貸し出しをしたり、区分所有権を売却したりすることもできます。

また、完成したコンドミニアムを購入して賃貸物件として貸し出す方法も考えられます。土地に建物を建設する場合は、特に現地のデベロッパーとのコンタクトが重要になります。またコンドミニアムや土地に投資するだけの場合でも、現地とのコーディネートをする会社を使うことが必須になります。

不動産価格はエリアによって大きく異なります。例えばバリダラと呼ばれる東京で言えば六本木のような大使館などが集まる高級エリアでは、土地面積約100坪（約330平方メートル）で、印紙税、名義変更費用などを入れて、8400万タカ（日本円で約1億1000万円）とかなり高額ですが、郊外に行けば価格はかなり下がります。コンドミニアムの区分所有権を購入する場合であれば、1戸1000万円以下で投資可能な物件もあります。

ハイリスク・ハイリターンの投資環境

バングラデシュの投資リスクとしては、政治リスク、為替リスク、信用リスクなど新興国に共通のものがあります。

バングラデシュは、1991年に民主主義に移行し、現在はBNP（バングラデシュ民族主義党）とAL（アワミ連盟）という2大政党が拮抗している状態です。2014年1月の総選挙では与党ALが政権を継続することになりました。政治リスクは、それほど高くありません。

バングラデシュの通貨タカは、ドルに連動しています。現状は、1ドル＝77タカ（1タカ＝1・3円）程度です。過去10年の推移を見ると、2002年の1ドル＝60タカ程度から緩やかに下落していますが、近年は大きな通貨下落は見られません。

信用リスクに関して言えば、ムーディーズのバングラデシュの格付けは、2014年3月現在Ba3となっています。投資適格レベルには到達していませんが、カンボジアよりも高いレーティングになっています。

なお、バングラデシュには洪水が発生することがありますが、首都ダッカは高い堤防で囲まれており、洪水のリスクはあまり高くありません。また、地震はほとんど発生しません。

バングラデシュの国旗を見ると、日本にとてもよく似ていることがわかります。これは日本に対するリスペクトの表れだそうです。治安が悪い、衛生状態が悪い、といったネガティブなイメージの強いバングラデシュですが、実際に現地を視察すれば、その印象はかなり変わると思います。

第5章　税務リスクも回避して完璧な資産形成を実現する

税理士のタイプを見分ける

不動産に限らず、海外資産を保有した場合の注意点は何と言っても税金です。「海外にある資産だから、日本では税金がかからないと思っていた」では済まされません。たとえ意図的でなかったとしても、税金を滞納し続けると、後で手痛いしっぺ返しを受けることになります。こうしたリスクを最小限に抑えるためにも、税金の知識を身に付ける必要があります。

とは言えおそらく、多くの人がこの海外不動産に関する税金の部分については、税理士に相談することでしょう。もちろん、自分自身で税額を計算し、確定申告によって納税することも可能ですが、海外不動産投資の税金計算は、かなり複雑なので、やはり専門の税理士に任せたほうがいいと言えます。

ただ、それでもいくつかの問題が生じてきます。

まず、税理士自体の問題です。これは、税理士が海外不動産投資によって生じた損益をどう解釈するのか、あるいは税理士自身のスタンスによっても変わってくる部分があります。税務のプロに依頼するとしても、税理士にもいろいろなタイプの人がいるという点には、十分に注意をしたほうがいいでしょう。

税理士のスタンスについては大きく2つに分かれます。

ひとつは「攻める税理士」。税法を十分に理解し、フレキシブルに解決していこうというスタンスの人です。

これに対して、もうひとつは「守る税理士」です。こちらは、「これは無理です」「税務署に提出しても、まず認めてもらえないと思いますよ」と、頭ごなしにダメ出しをしてくるタイプです。

せっかく積極的に資産形成を狙って海外不動産投資をするのに、何もかも頭ごなしに否定をされてしまっては、投資に踏み出したくても、踏み出せなくなります。脱税行為はもちろんいけませんが、税務について積極的にやり方を考えてくれる税理士のほうが海外不動産投資を行う上でのパートナーとしては適任と言えるのではないでしょうか。

各国税制の知識を常にアップデートしているか？

2つ目の問題点は、国によって税制がまったく異なること、そして突然、税制が変更されるケースがあるということです。したがって、海外の税制について常に情報をアップデートできている税理士に依頼したほうが安心です。

特に不動産という資産は、取引コストが高く株式のように常時、売り買いを繰り返せるものではありません。5年、10年といった期間で保有するものですから、実際に売却する5年後、10年後の税制が、現時点のそれとまったく異なるものになってしまうケースも想定されます。つまり、現時点の税制は当てはまらない可能性があるという点を頭に入れておきましょう。

3つ目は、海外不動産に投資したとしても、日本国内と現地の両方で税務申告が必要になるということです。もちろん、それは二重課税されるという意味ではありません。片方の税金を払ったら、もう片方の納税額をある程度、控除するという形で調整できます。詳しくは後述しますが、確定申告の手続きなども必要になります。

また、年収が3000万円、5000万円というように高額な人だと、所得税の累進課税制度によって、納税額が非常に高くなる恐れがあります。このような場合、減価償却をうまく活用することによって節税することもできます。実際のケースを取り上げながら後述します。

税金のかかる箇所は5カ所

では、海外不動産に投資した場合、どの段階で税金がかかるのでしょうか。次のように考えると、わかりやすいと思います。

- 不動産を購入する段階
- 不動産を保有している段階
- 不動産を売却する段階

このように、3つの段階で税金がかかることをまずは知っておきましょう。

しかし、海外不動産投資の場合、すでにお伝えしたように日本で課せられる税金と、海外の現地で課せられる税金があることに注意しなければなりません。つまり、先の3段階において、日本国内と海外とで重複して税金が課せられるケースがあるのです。

もっとも、海外の不動産を購入した時点では日本国内における課税は一切ないので、基本的には次の5カ所について税金がかかる可能性があると考えておけばいいでしょう。

- 購入した段階で、海外で課せられる税金
- 保有している段階で、国内で課せられる税金
- 保有している段階で、海外で課せられる税金
- 売却した段階で、国内で課せられる税金
- 売却した段階で、海外で課せられる税金

右記のフレームワークを頭に入れて、後は「海外で保有している段階で課せられる税率が、5%から10%に引き上げられた」とか、「海外で売却した段階で課せられる税率が、20%から10%に引き下げられた」というように、どの段階のどの数字がどう変わったのかということをフォローしていけば、十分に対応できます。

この種の、海外不動産投資に絡む税制については、税率も含めて最新情報をインターネット上で調べることもできますが、その際にひとつだけ注意しておくべき点があります。それはネット上にそのまま残っている古いデータです。最新情報を常にアップデートしていくことが大事で、古いデータを間違えてインプットしてしまうと、実際に自分が保有する不動産を売却したり、賃貸に出して賃料が入ってきたりした場合、間違いを犯すことになります。

したがって、この種の情報については、税理士に相談したほうがいいでしょう。ただ、ここでも問題はあります。それは、日本の税理士は日本国内の税制には詳しくても、海外の税制はよくわからないというケースが多く見られるということです。

逆に海外の税理士に「これは、日本ではどうすればいいのか」と質問すると、日本の税制には詳しくないのでわからないと言われるケースも多いと思います。基本的に税理士は、自国内の税制には詳しくても、他国の税制には詳しくないようです。国際税務に詳しい税理士を選ぶためにも、ある程度の知識は投資家自身も頭に入れておきたいものです。

各国税制の違いを理解する

では、具体的に先進国（アメリカ）と新興国（マレーシア、フィリピン、タイ、カンボジア）の不動産投資に関連した税制と必要なコストがどうなっているのかについて、説明していきましょう。

先進国＝アメリカのケース

■購入時

アメリカの不動産投資では、購入時に不動産取得税はかかりませんが、エスクロー費用の中に固定資産税が含まれることがあります。また、インスペクションとエスクローに、それぞれコストがかかります。

インスペクションは、物件の調査のことです。また、エスクローとは、不動産を購入した際に支払う代金の安全性を担保するためのものです。州によってはエスクロー会社ではなく、弁護士等が取引を取り持つところもあります。

例えば、海外不動産を購入した際に支払う購入代金は、売主に直接支払うのではなく、いったん、エスクロー会社に入金します。そして、売主がきちっと契約を履行したと確認された時点で、エスクロー会社から売主に、購入代金が渡されるという流れになります。不動産購入にかかる金額は大きいので、このように第三者であるエスクロー会社を、不動産の買い手と売り手の間に介在させることによって、代金の持ち逃げといった事態が発生しないようにしているのです。ちなみに、このエスクロー会社に対して支払う手数料は、物件の総額に対する２・５〜３％程度です。

■保有時

次に保有時ですが、まず固定資産税がかかります。固定資産税は州によって税率が大きく異なるため、どの州の不動産を購入するかで、税負担が大きく違ってきます。

また、購入した不動産を他の人に貸して賃料を得る場合、それは所得税の課税対象としてカウントされます。所得税は、減価償却なども含めて課税金額を計算するため、場合によっては経費が家賃収入を上回り、赤字になることもありますが、その場合は課税されません。

しかし、管理修繕費や火災保険、賃貸手数料などの経費を差し引いてもまだ家賃が残る（黒字が出る）場合は、所得税の課税対象になり、アメリカで納税することになります。

実際、経費と税金をすべて合計してどのくらいのコストになるのか、ということですが、ざっくりした計算だと、グロスの利回りが10％の場合、そのうち４％は固定資産税や管理修繕費、火災保険、賃貸手数料などで差し引かれることになります。

■売却時

そして最後に売却する段階ですが、これは保有期間が１年未満の場合と、１年以上の場合とで税率が変わってきます。

いずれも売却益が出た場合の話ですが、１年未満で売却した場合の税率は、短期キャピタルゲイン税として収入に応じて10～39・６％、１年以上で売却した場合は、長期キャピタルゲイン税として０～20％の税率になります。なお、売却時にブローカーに対して支払う売買手数料は、アメリカでは買い手ではなく、売り手が支払うことになります。

アメリカ不動産の税金とコスト

購入時	●なし ●その他コスト インスペクション、エスクローなど
保有時	●固定資産税 ●所得税（家賃収入に対して）
売却時	●短期キャピタルゲイン税 （保有１年未満）売却益により 10 ～ 39.6%＋州のキャピタルゲイン税 ●長期キャピタルゲイン税 （保有１年以上）売却益により 0 ～ 20%＋州のキャピタルゲイン税

新興国のケース

■購入時

購入時にかかる税金は国によってさまざまです。

タイでは購入時のコストとして、前述したように名義変更料が2%かかりますが、売主・買主双方の折半となるので実質的には1%です。

マレーシアの場合は「登記印紙税」がかかります（支払い自体は物件の完成後）。税率は頻繁に変更されますが、現在は購入価格か評価額のうち、いずれか高いほうの1〜3%程度とみておけばいいでしょう。これに売買契約書作成にかかる弁護士費用や州政府合意費用がかかってきます。これらすべてを合わせたコスト負担は、4%程度とみておけばいいでしょう。例えば日本円で3000万円程度の物件を購入した場合のコストは120万円程度ということになります。

フィリピンの不動産購入には、まずVATがかかります。VATとは付加価値税のことで、これが物件価格に対して12%です。なお、このVATは320万ペソ（約736万円）以上の物件に課せられるものです。ただ、これは物件価

新興国の税金（購入時）

マレーシア	●登記印紙税 購入価格か評価額のいずれか高いほうの１～3% ●その他のコスト ⇒売買契約書作成にかかる弁護士費用 ⇒州政府合意取得費用
フィリピン	● VAT（付加価値税）物件価格の 12% ※ 320 万ペソ以上の物件にかかる ※購入価格に含まれている場合もあり ●不動産登記費用 購入価格か評価額のいずれか高いほうの１～２% ●移転税 購入価格か評価額のいずれか高いほうの 0.5% ●印紙税 購入価格か評価額のいずれか高いほうの 1.5 ～２%
タイ	●名義変更料１%
カンボジア	●登記税　購入価格の 4% ※所有権権利書を発行しない場合はなし 　売り手が支払う場合もあり

格に上乗せして課せられるのではなく、大半は内税方式になっているため、購入時の価格に含まれる形になります。

これに加えて不動産登記費用（1～2％）と移転税（0・5％）、印紙税（1・5％～2％）が購入価格か評価額のいずれか高いほうに対してかかります。大体の感覚で言うと、税金等を含めた諸費用として5％くらいが上乗せされるというイメージです。先ほどの3000万円程度の物件で言えば、購入時の税金コストは150万円程度となります。

カンボジアは、購入価格の4％が登記税としてかかることになります。

■保有時

物件保有時はどの国も税金がかかります。

主なものを国別に挙げると次のようになります。

・マレーシア

所得税…投資した物件を賃貸に回した場合、賃貸収入に対して26％。これは、経費などをすべて差し引いた課税対象金額に対する26％です。

固定資産税…賃貸価値の6～10％程度かかります。ここでいう賃貸価値とは、当局の定

新興国の税金（保有時）

マレーシア	●所得税　賃貸収入の 26% ●固定資産税 建物の賃貸価値※の６～10%程度 ※当局の定める年間想定賃料（市場の実勢価格よりもかなり低めに設定される）
フィリピン	●所得税　国内で働いていない外国人の場合、賃料収入の 25% ●不動産税　評価額の１～２％ ●特別教育基金　評価額の１％
タイ	●所得税 国内課税所得 15 万バーツまでは非課税 それ以上は最大 35%までの累進課税
カンボジア	●固定資産税　評価額の 0.1%程度 ●不動産賃貸収入税　賃貸収入の 14%

※カンボジアに関しては、現状外国人の確定申告制度はなし。

める年間想定賃料であり、市場の実勢価格よりもかなり低めに設定されます。

・フィリピン

所得税…国内で働いていない外国人の賃料所得に対し、25%。

不動産税（固定資産税）…評価額の1～2%程度。

その他…特別教育基金として評価額に対し1%（マニラ首都圏のみ）。

・タイ

所得税…累進課税制度によって、賃料所得に対し最大35%課税されることになっています。なお、国内課税所得で15万バーツ（約47万円）までは非課税です。

・カンボジア

固定資産税…評価額の0・1%程度。

不動産賃貸収入税…賃貸収入に対して14%が課税されます。

■売却時

どの国も基本的に売却益にキャピタルゲイン税がかかりますが、カンボジアは現状、外国人に確定申告制度がないため、どこに税金を払えばよいのかわからない状態です。これについては今後、外国人による不動産購入が活発化してくれば、徐々に税制が整ってくると考えられます。

その他の国のキャピタルゲイン税については次の通りです。

- マレーシア…５年を超える保有物件の売却益に対して５％。５年以内の保有物件は売却益に対して30％（永住権を保有していない外国人の場合）。
- フィリピン…売却価格か評価額のいずれか高いほうの６％。
- タイ…特別事業税として売却価格に対し３・３％。ただし、５年以上で売却した場合は、特別事業税はかからず、印紙税が０・５％かかります。所得税は売主の保有年数および所得税率により算出されます。

なお、マレーシアでは、外国人投資家による不動産購入が活発化しているため、マレーシア政府当局は、外国人投資規制を行うようになりました。キャピタルゲイン税もそのうちのひとつです。

他の国も現在多くの投資家から資金が流入している状況ですので、今後新たな課税や、

新興国の税金（売却時）

マレーシア	●キャピタルゲイン税 5年以内　売却益の30% 5年超　　売却益の5%
フィリピン	●キャピタルゲイン税 売却価格か評価額のいずれか高いほうの6％
タイ	●所得税　売主の保有年数および所得税率により算出 ●特別事業税（5年未満売却の場合に課税） 売却価格の3.3% ●印紙税（5年以上売却の場合に課税） 売却価格の0.5% ●その他のコスト 名義変更料1%
カンボジア	●キャピタルゲイン税 現状外国人の確定申告制度はないため、実質的にはゼロ

条件の変更などが行われることでしょう。そのような各国の税制は、先にも述べたように常にアップデートしていくことが必要となります。

日本国内の課税は保有時と売却時のみ

「投資しているのは海外の不動産だから、そこから発生する収益は日本国内で申告する必要はない」と考えている投資家が多いようですが、これは間違いです。日本でも確定申告をする必要があります。

ただし、日本では海外不動産の購入時には税金はかかりません。したがって、問題になるのは保有時と売却時の税金です。海外不動産を賃貸にまわして発生した賃料は、日本において所得税の対象になりますし、売却したことで得た売却益は譲渡所得税の対象になります。譲渡所得税は、保有期間が５年以内の場合だと、短期譲渡所得として譲渡所得の39・６３％がかかりますし、保有期間が５年超になると、長期譲渡所得として譲渡所得の20・３１５％がかかります（いずれも復興特別所得税を含む）。

日本国内の税金とコスト

購入時	●なし
保有時	●所得税 所得額による累進税率
売却時	●譲渡所得税 ※ 5 年以内⇒短期譲渡所得 譲渡所得の 39.63% 5 年超　⇒長期譲渡所得 譲渡所得の 20.315%

※譲渡所得税は復興特別所得税を含む

ただ、ここで問題になるのが、減価償却費などの経費処理に関するものです。経費の額によっては、賃貸収入が得られているにもかかわらず赤字になるケースもあります。それは売却時に得られたキャピタルゲインについても同様です。しかも、減価償却をはじめとする諸経費の考え方は日本と諸外国で異なりますので、状況次第では海外と日本の両方で赤字になるケースもあれば、両方とも黒字になるケース、海外が赤字で日本が黒字、逆に海外が黒字で日本が赤字になるケースもあります。

例えば、固定資産税や管理費は、日本の場合、全額経費になります。この点に関しては海外でも同様ですが、減価償却費になると、日本では認められているのに、マレーシアでは減価償却の制度そのものがないというように、税制の仕組みが大きく異なるケースがあります。固定資産税やキャピタルゲイン税、所得税などについては、為替換算をした上で、各国の税率に当てはめれば、比較的容易に計算できますが、こと減価償却についてはそう簡単ではないということです。この考え方については少し詳しく説明しておく必要があるでしょう。

国内外で大きく異なる減価償却

減価償却とは、不動産を購入した際の経費の一部として計上することが認められている費目のひとつです。

例えば6000万円の不動産物件を購入したとしましょう。基本的に不動産物件は土地と建物からなるので、この6000万円には、その両方が含まれています。

仮に、土地の価格を1000万円、建物の価格を5000万円とします。

このうち土地はそもそも減価しないものとしているため、減価償却の対象にはなりません。あくまでも建物だけが減価償却の対象になります。したがって5000万円を減価償却していきます。本来であれば、建物を購入した年に全額を経費計上したいところですが、仮に年収500万円の人が、経費として一度に5000万円も計上するというのは、バランスに欠けることもあるので、5000万円をその建物の耐用年数で按分《あんぶん》し、1年間の経費として認めているのです。これが減価償却というものです。

仮に耐用年数が5年の建物だとしたら、1年あたりの経費は、

5000万円 ÷ 5年 ＝ 1000万円

となります。

そして2年目、3年目……5年目というように、毎年1000万円ずつを減価償却していきます。

では実際、住宅用建物の耐用年数がどのくらいなのか、ということですが、これは次ページの一覧表のように定められています。

例えば大きなコンドミニアムなどは多くの場合、SRC工法、あるいはRC工法といった鉄筋コンクリートなので、耐用年数は住宅用で47年と、かなり長期になります。

したがって、大きなコンドミニアムの新築一室を1000万円で購入したとしても、47

日本の税制における建物の耐用年数

（年）

		事務所用	住宅用	飲食店用 ※４	飲食店用 ※５	店舗用
SRC造 RC造		50	47	34	41	39
レンガ造 石造 ブロック造		41	38	38	38	38
S造（金属造）	※１	38	34	31	31	34
	※２	30	27	25	25	27
	※３	22	19	19	19	19
木造 合成樹脂造		24	22	20	20	22
木造モルタル造		22	20	19	19	20

※１　骨格材の肉厚が4mmを超えるもの
※２　骨格材の肉厚が3mmを超え、4mm以下のもの
※３　骨格材の肉厚が3mm以下のもの
※４　延面積のうち木造内装部分の面積が3割を超えるもの
※５　延面積のうち木造内装部分の面積が3割以下のもの

国税庁資料をもとに作成

年で償却した場合、1年あたりで認められる経費の額は21万2766円にしかなりません。購入物件の額は高額でも、減価償却していく場合は少額になることを忘れないようにしてください。

ちなみに、一覧表の耐用年数は日本国内におけるものです。海外だと、前述したようにマレーシアは減価償却そのものが認められていませんし、アメリカにおける住宅用建物の耐用年数は、一律27・5年とされているなど、国によって計算方法は異なります。

また、中古物件あれば、耐用年数が短くなります。

例えば木造住宅の法定耐用年数は、新築の場合で22年ですが、仮に22年を過ぎた中古物件の場合となると、本来は耐用年数が0年になるはずです。しかし、新たに購入した建物が減価しないのもおかしいということで、22年に0・2をかけた4・4年が耐用年数になります。計算した年数に1年未満の端数がある場合は、その端数を切り捨てる処理を行いますので、耐用年数は4年になります。これを「加速度償却」と言います。

10年が経過した中古物件（木造）の場合は、法定耐用年数である22年から10年を差し引いた12年に、経過年数である10年に0・2をかけた2年を加えた14年が耐用年数です。

ダブル課税を避けるため「外国税額控除」を活用する

基本的に、日本に住んでいる人は、「全世界所得」に対する課税が行われます。全世界所得というのは、全世界に持っているあらゆる所得という意味で、海外不動産から得られる賃料収入、海外の銀行口座にある預金から得られる利息などが、これに該当します。したがって、すでに他国で納税していたとしても、日本でもそれを含めて確定申告する必要があります。

海外で申告し、かつ日本でも申告するわけですから、二度手間になります。また、二重課税になると心配される人も多いでしょう。

二重課税については、心配は不要です。確かに、現地と日本の両方で申告し、課税されるとなれば、非常に税金が高くなるという印象を受けると思いますが、そのようなことのないように設けられているのが「外国税額控除」です。

外国税額控除とは、海外で納税した場合、一定金額を上限として、他国で納税した税額を、日本における所得税額から差し引ける制度です。

中古資産の耐用年数

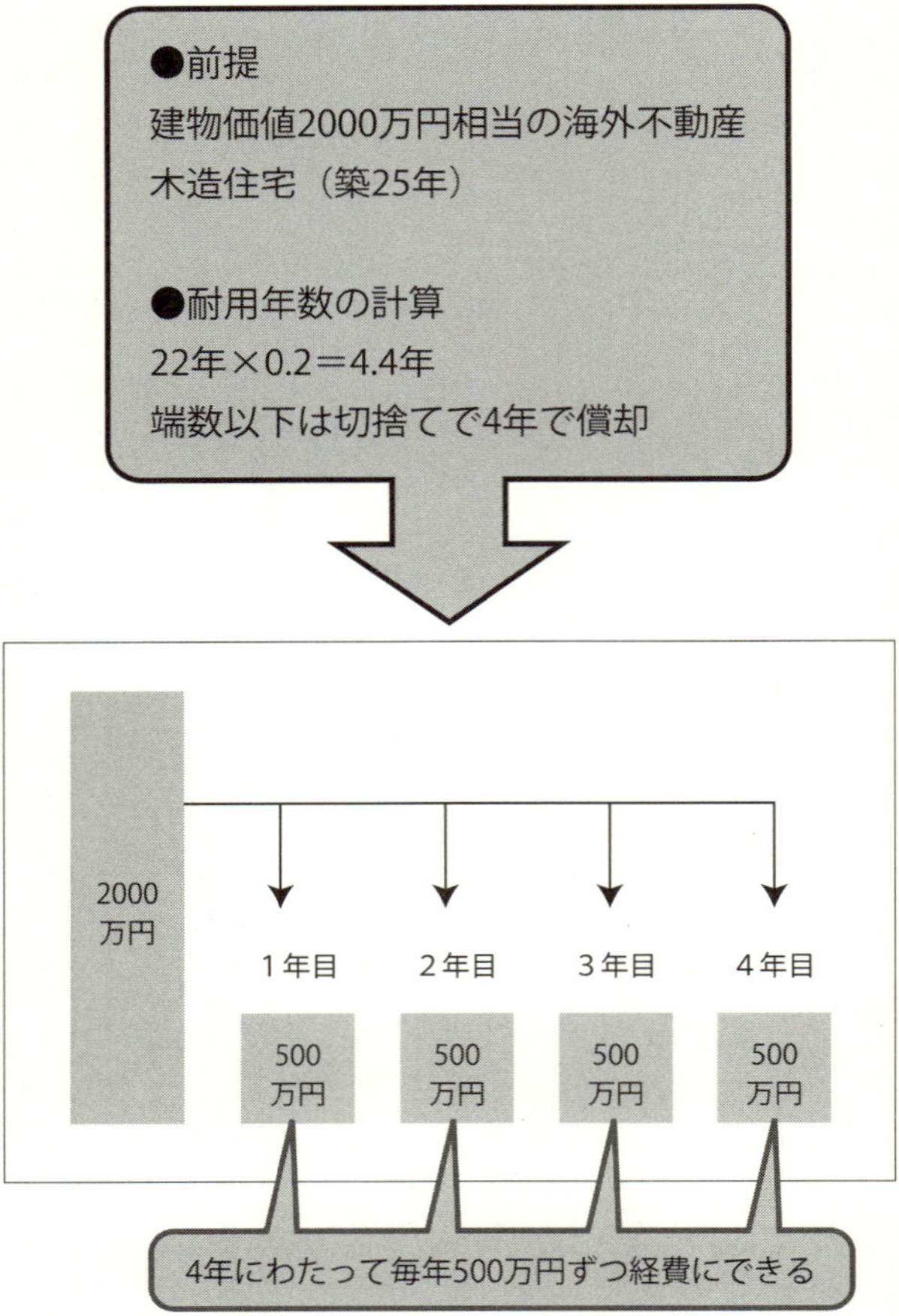
●前提
建物価値2000万円相当の海外不動産
木造住宅（築25年）
●耐用年数の計算
22年×0.2＝4.4年
端数以下は切捨てで4年で償却
2000万円
1年目
2年目
3年目
4年目
500万円
500万円
500万円
500万円
4年にわたって毎年500万円ずつ経費にできる

減価償却の違いや、その他の経費がどこまで認められるのかなどの違いによって、国内と海外の所得額は異なってきます。言い換えると、収入から経費を差し引くと、一方は黒字なのに、もう一方は赤字になったりします。

この国内外の収支と納税の関係を簡単にまとめると、次のようになります。

①日本と海外ともに赤字……納税なし
②日本は黒字で海外は赤字……日本のみ納税
③日本は赤字で海外は黒字……海外のみ納税
④日本と海外ともに黒字……両国で納税するが、海外での納税額を日本で控除できるので、結果的に総納税額はどちらか大きいほうの税額となる

特に問題になるのが、④のケースでしょう。この場合、両方で黒字が出ているので、それぞれについて税金を納める必要がありますが、前述したように二重課税されてしまう恐れがあるので、外国税額控除を行うことになります。具体的には、海外で納税した外国の

日本での税務申告と外国税額控除

海外	国内	納税
赤字	赤字	納税なし
赤字	黒字	日本のみ納税
黒字	赤字	海外のみ納税
黒字	黒字	両国で納税※

※海外での納税を日本で控除できる。総納税額はどちらか大きいほうの税額になる。

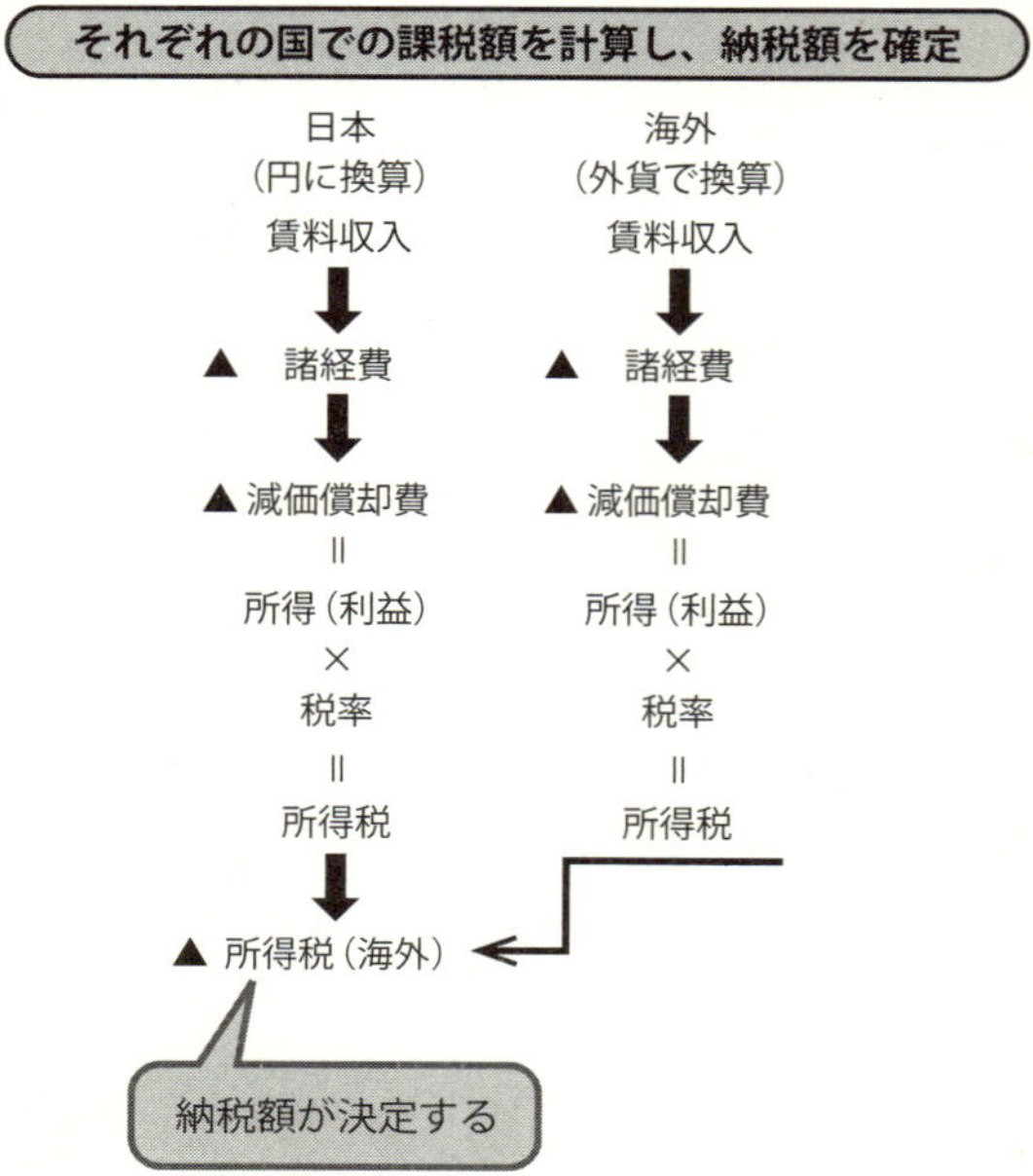

所得税を、日本国内で確定申告した所得税から差し引き、残った金額を納税します。

為替レートは年間平均を使用する

海外不動産から得られた収入、海外不動産の購入や維持・管理にかかった経費は、外貨ベースで計算します。

まず外貨建ての収入から経費を差し引いたものが、外貨建ての所得になります。そして、外貨建ての所得に為替レートをかければ、円建ての所得になります。しかし、ここで問題になるのが、いつの時点の為替レートで計算すればいいのか、ということです。

税法本来の考え方からすれば、例えば３月１日に１００ドルの家賃収入が得られたとすると、３月１日時点の為替レートで計算しなければならないのですが、それでは経費が発生したら、その都度、為替レートをかけて、外貨建ての経費を円建てに換算し直さなければならず、大変な手間がかかります。

期末時点のレートでもいいのですが、為替レートは常に変動しているので、期末時点の為替レートが有利なレートになるという保証はありません。しかも税法では継続適用がルールなので、期末の為替レートで換算すると一度決めたら、それをずっと続ける必要があります。決算期末が3月だとして、その時の為替レートが不利だから2月の為替レートで計算したいと言っても、それは認められません。

そこで期中平均レートを用いるようにします。1月から12月までの平均的なレートを用いれば、1年間を通じて円高になったり円安になったりしても、その数字は平均化されます。

では、次からはこれまでに説明してきたことを、ケーススタディで具体的に説明していきましょう。

ケース1　マレーシアの物件を購入した場合

まずはマレーシアの不動産物件を購入した場合を想定してみましょう。このケースでは、次のような前提条件で考えてみます。

①マレーシアの新築物件を購入。
②投資時の為替レートは1リンギット＝30円。
③１００万リンギットの物件を購入（建物90万リンギット、土地10万リンギット）。
④不動産収入は年間６万リンギットで、グロス利回りは６％。
⑤諸経費は1万リンギットで、ネット利回りは５％。
⑥10年間保有し、１５０万リンギットで売却。
⑦減価償却は、マレーシアでは取れないが、日本では新築ＳＲＣ物件ということで47年の減価償却期間がある。
⑧所得税率はマレーシアが26％、日本が30％（実際は累進課税だが、ここでは簡略化）。

この場合、日本とマレーシアとでは、どのような課税が行われるのでしょうか。
まず、マレーシアの税金から計算していきましょう。
不動産収入は年間６万リンギットで、諸経費が1万リンギット。したがって、所得に該当する金額は、5万リンギットになります。そして、マレーシアの所得税率は26%なので、5万リンギットに対する26%で1万3000リンギットがマレーシアでの所得税の納税額となります。

次に減価償却です。マレーシアでは認められていませんが、日本では海外不動産でも減価償却が認められているので、これを計算します。

まず、減価償却の対象となる建物の円建て価格が、90万リンギット×30円＝2700万円です。したがって、これを耐用年数の47年で割る（形式上0・022をかけることで求める）と、1年間の減価償却費が計算できます。この場合は59万4000円が1年間の減価償却費です。

さて、不動産収入は年6万リンギットですから、1リンギット＝30円で計算すると、毎年180万円になります。ここから諸経費の30万円、減価償却費の59万4000円を差し引くと、税引前利益は90万6000円になります。

そして、日本での税金は、税引前利益の90万6000円に30%の所得税がかかりますから、日本で納税する所得税は27万1800円になります。

ただし、外国税額控除により、ここからマレーシアで支払った税金を差し引くことができます。マレーシアでの納税額は1万３０００リンギットですから、１リンギット＝30円で換算すると39万円。これを27万１８００円から差し引くわけです。この場合、マレーシアの納税額のほうが大きくなり、これを控除することで、日本での納税はゼロになります。

次に出口を見てみましょう。

売却額が１５０万リンギット。海外でも日本と同様、取得額から減価償却をしていった額が簿価になるのですが、先にも述べたようにマレーシアは減価償却がないので、取得価格が簿価になります。したがって、売却額である１５０万リンギットから取得額である１００万リンギットを差し引いた50万リンギットが売却益になります。売却益に対する税率は５％ですから、50万リンギット×５％＝２万５０００リンギットです。

つまり、マレーシアに納める税金は２万５０００リンギットになります。

一方、日本国内の納税額はどうでしょうか。

円建ての売却価格は１５０万リンギットに30円をかけた４５００万円です。ここから簿価を引き売却益を出します。物件を10年間保有して売却したことになりますから、毎年59

万４０００円の減価償却を行うと、建物部分の10年後の減価償却後価格は２１０６万円。土地代は減価償却しないので、10万リンギット×30円＝３００万円のままですから、この両者を足した２４０６万円が、円建ての簿価になります。

したがって、４５００万円から２４０６万円を差し引いた２０９４万円が、日本国内における譲渡益になります。この物件を10年間保有したのですから、日本の税区分では長期譲渡所得扱いになり、税率は譲渡益に対して20％。つまり４１８万８０００円が税金になります。

日本の納税額＝４１８万８０００円

マレーシアの納税額＝２万５０００リンギット×30円＝75万円

したがって、４１８万８０００円から75万円を控除した３４３万８０００円が、日本に納める税金になります。

保有時の税額

マレーシアの税金

不動産収入　　　諸経費　　　不動産所得
6万リンギット － 1万リンギット ＝ 5万リンギット

所得税率　　　所得税
5万リンギット × 0.26 ＝ 1万3000リンギット

※日本円換算（1リンギット＝30円）
1万3000リンギット ＝ **39万円**①

日本の税金

建物価格　　　減価償却費（1年間）
2700万円（90万リンギット）× 0.022 ＝ 59万4000円

不動産収入　　　諸経費
180万円（6万リンギット）－ 59万4000円 － 30万円（1万リンギット）

税引前利益
＝ 90万6000円

税率　　　所得税
90万6000円 × 0.3 ＝ **27万1800円**②

外国税額控除を適用

②－① ⇒ ▲11万8200円

日本の所得税はゼロになる

売却時の税額

マレーシアの税金

キャピタルゲイン税

売却額　　　　　　　取得額　　　　　　　売却益
150万リンギット － 100万リンギット ＝ 50万リンギット

税率　　キャピタルゲイン税
50万リンギット × 0.05 ＝ 2万5000リンギット

※日本円換算（1リンギット＝30円）

2万5000リンギット ＝ **75万円** ①

日本の税金

簿価の計算

減価償却費（1年）　　　減価償却費
59万4000円 × 10年 ＝ 594万円

建物価格　　　　　　建物簿価
2700万円 － 594万円 ＝ 2106万円

土地簿価　　　　　　　　　　簿価
2106万円 ＋ 300万円（10万リンギット）＝ 2406万円

譲渡所得税

建物売却額　　　　　　　　　　　　　　譲渡益
4500万円（150万リンギット）－ 2406万円 ＝ 2094万円

10年以上保有なので長期譲渡所得となる

税率　　譲渡所得税
2094万円 × 0.2 ＝ **418万8000円** ②

外国税額控除を適用

②－① ⇒ 343万8000円の譲渡所得がかかる

ケース2　アメリカの物件を購入した場合

次にアメリカのケースを見てみましょう。ここでは減価償却を大きく取れる加速度償却のケースを紹介したいと思います。

まず、次のような前提条件で考えてみます。

①アメリカの中古物件を購入。
②投資時の為替レートは1ドル＝100円。
③10万ドルの物件を購入（建物8万ドル、土地2万ドル、築年数25年）。
④不動産収入は年間8000ドルで、グロス利回りは8％。
⑤諸経費は年間3000ドルで、ネット利回りは5％。
⑥10年間保有し、10万ドルで売却。
⑦減価償却はアメリカで27・5年、日本は4年。
⑧所得税率は日米ともに30％。

日本の場合、土地の値段が非常に高く、建物の値段はそうでもないというケースがありますが、これでは減価償却をたくさん取ることができません。前述したように、土地は減価償却の対象にならないからです。

これに対して海外不動産の場合は、もともと土地の値段が安いケースが多いため、減価償却をたくさん取れるというメリットが出てきます。

アメリカにおける建物の耐用年数は、中古や新築、木造や鉄骨の違いに関係なく、一律27・5年になります。それとともに、アメリカでは取得価格のうち償却対象となる建物の割合が大きいため、減価償却費を多く計上できます。では、具体的にアメリカと日本の税金を見ていきましょう。

まず、保有時の税金計算です。アメリカの不動産収入が年間8000ドルで、諸経費が3000ドル。さらに減価償却費が耐用年数27・5年ですから、建物価格8万ドルを27・5で割ると、年間約2900ドルになります。したがって、8000ドルから諸経費の3000ドル、減価償却費の2900ドルを差し引いた2100ドルが、課税対象となる不動産収入になり、これに30％の所得税率をかけると、所得税は630ドルになります。

一方、日本の税金をどう計算するのかというと、不動産収入が年間8000ドルなので、これに為替レート1ドル＝100円をかけると、円建ての不動産収入が年間80万円、諸経費が30万円になります。

問題は日本の減価償却です。減価償却は取得時に円換算した数字を4年で割ります。建物の価格は8万ドルですから、8万ドル×100円で、円建ての建物価格は800万円。それを4年で割ると、1年あたりの減価償却費は200万円になります。

したがって、年間の不動産収入である80万円から、減価償却費である200万円と諸経費30万円を差し引くことになります。結果、経費のほうが大きくなり、マイナス150万円。したがって、実質的に納税額はゼロになります。

なお、このマイナス150万円を有効活用する方法もあります。海外での不動産所得は日本国内の他の不動産所得と合算できるので、他に不動産を保有し、そこで黒字が出ている場合は、このマイナス150万円と損益通算できます。

また、海外の不動産だけしか保有していない人は、給与所得から150万円を差し引く

保有時の税額

アメリカの税金

建物簿価　耐用年数　減価償却費（1年）
8万ドル ÷ 27.5年 ＝ 2900ドル

不動産所得　諸経費　課税対象額
8000ドル － 2900ドル － 3000ドル ＝ 2100ドル

税率　所得税
2100ドル × 0.3 ＝ 630ドル

※日本円換算（1ドル＝100円）
630ドル ＝ **6万3000円** ①

日本の税金

4年目まで

建物価格　耐用年数（中古）　減価償却費（1年間）
800万円（8万ドル） ÷ 4年 ＝ 200万円

不動産所得　諸経費
80万円（8000ドル） － 200万円 － 30万円（3000ドル）

＝▲150万円（課税対象額）

⇒ 所得税はゼロ

5年目以降

不動産所得　減価償却費　諸経費
80万円（8000ドル） － 0円 － 30万円（3000ドル）

課税対象額
＝50万円

税率　所得税②
50万円 × 0.3 ＝ **15万円**

外国税額控除を適用
②－①⇒ 5年目以降は8万7000円の所得税がかかる

ことができます。つまり、確定申告時に調整できるのです。

さらに日本での減価償却が終わる5年目以降ですが、不動産収入は80万円で、諸経費が30万円。減価償却費を差し引くことはできないので、50万円が所得になります。ここに税率30％をかけた15万円が所得税。ここからアメリカで払った所得税6万３０００円（６３０ドル）を外国税額控除した８万７０００円を所得税として支払うことになります。

次に売却時の税金を見ていきましょう。

まずはアメリカからですが、物件を10年間保有して10万ドルで売却。土地は購入時のまで2万ドル。建物はアメリカでは減価償却があるので、もともとの８万ドルを10年間減価償却した５万１０００ドルが建物の簿価になります。したがって、これに土地の簿価を合算した７万１０００ドルが全体の簿価ということです。売却価格が10万ドルなので、ここから簿価である７万１０００ドルを引くと、2万９０００ドルが税金の対象になります。売却益に対する税率を州税も含めて22・５％と仮定すると、アメリカでの納税額は、２万９０００ドル×22・５％＝６５２５ドルとなります。

同じく日本における売却時の税金を計算してみましょう。

売却時の税額

アメリカの税金

簿価

減価償却費（１年）　　　　　　　減価償却費
2900ドル × 10年 ＝ ２万9000ドル

建物購入価格　　　　　　　　　　　　建物簿価
8万ドル － 2万9000ドル ＝ 5万1000ドル

　　　　　　　土地簿価　　　　　　簿価
5万1000ドル ＋ 2万ドル ＝ ７万1000ドル

キャピタルゲイン税

建物売却額　　　　簿価　　　　　　譲渡益
10万ドル － ７万1000ドル ＝ 2万9000ドル

　　　　　　　税率　キャピタルゲイン税
2万9000ドル × 0.225 ＝ 6525ドル

※日本円換算（1ドル＝100円）

6525ドル ＝ **65万2500円** ①

日本の税金

簿価の計算

建物簿価
（償却済み）　土地簿価　　　　簿価
0円 ＋ 200万円 ＝ 200万円

譲渡所得税

建物売却額　　　　　　　　　　　　譲渡益
1000万円（10万ドル） － 200万円 ＝ 800万円

10年以上保有なので長期譲渡所得となる

　　　　　税率　　譲渡所得税
800万円 × 0.2 ＝ **160万円** ②

外国税額控除を適用

②－① ⇒ 94万7500円の譲渡所得税がかかる

売却時の円建て価格が１０００万円。円建ての土地代が簿価で２００万円。建物は全額減価償却しているのでゼロ。したがって、１０００万円から引けるのが、土地代の２００万円だけなので、８００万円が売却時の利益になります。日本での税率は20％なので、売却益である８００万円に対する納税額は１６０万円です。

日本の納税額＝１６０万円

アメリカの納税額＝６５２５ドル×１００円＝65万２５００円

したがって、１６０万円から65万２５００円を控除した94万７５００円が日本に納める税金になります。

海外不動産投資には正しい知識が必須

一見複雑に見える税金の計算ですが、ひとつひとつ順を追って見ていけば、それほど難しいものではありません。

現在、海外に保有している資産の捕捉は、厳しさを増してきています。その理由は、海外に資産を移転させて、日本での課税回避をする資産家層が増えてきているからと言われています。

2012年度の税制改正では、海外資産を保有している人に対して、その海外資産の内容を申告する制度ができました。これを「国外財産調書制度」と言います。

これは日本の居住者で、その年の12月31日において、時価5000万円を超える国外財産を保有している人が対象になります。対象者は、その財産の種類、数量、価格、およびその他の必要事項を記入した国外財産調書を3月15日までに提出しなければなりません。もし、正当な理由なく、期日までに故意に提出しなかったり、あるいは調書に虚偽を記載したりした場合は、1年以下の懲役または50万円以下の罰金に処されます。

本書で紹介してきたように、確かに海外投資にはさまざまなメリットがあります。何と言っても、日本国内での投資にはない、高い成長が期待できる案件がたくさんあるのが魅力です。しかし税金の滞納で追徴課税を課せられたりしたら、高いコストを払わされることになります。

複雑な税金については、専門家である税理士に任せるという手もありますが、前述したように、日本と海外の双方の税金に通じている税理士は、まだ少ないのが現実です。したがって、すべてを専門家に任せるのではなく、自分自身でも最低限の税務の知識を身に付けておくべきでしょう。そうすることによって、海外不動産投資がより安心してできるようになるのです。

おわりに

最後までお読みいただきありがとうございました。

本作は幻冬舎総合財産コンサルティング（GTAC）が2013年から開催している海外資産運用セミナーの内容をベースに新しい材料を追加して制作したものです。第1章と第2章の執筆は内藤忍が書きおろし、第3章以降の、各国の不動産投資の概要と税金に関しては、取材原稿をベースにそれぞれの専門家にもレビューをお願いして完成させました。

日本人のこれからの資産運用対象として、海外不動産投資は、今後ますます存在感を増してくることが予想されます。それにもかかわらず、この分野に関する、個人投資家向けの実践的な書籍はあまり多くありません。特定の国だけに限定したものは何冊かありますが、主要な先進国・新興国を網羅的・体系的に取り扱っているものは、見つからないのです。これが本書を制作した最大の動機です。

どの国に投資するのかを決定するには、最初から特定の国にフォーカスするのではなく、まずは投資対象をマクロな観点からグローバルに俯瞰しなければなりません。そして投資国を決めたら実際に現地を視察してミクロな観点で物件を選択する。このような「マクロからミクロへのアプローチ」を実践するためには、各国を同じ基準で比較する視点が必要です。

本書にはそのために必要な情報を、すべて盛り込みました。

投資対象国としては、日本人が不動産の所有権を持つことができる国に絞り込んでいます。具体的には、アメリカ、マレーシア、タイ、フィリピン、カンボジア、バングラデシュといった国々です。

海外不動産投資のメリットは、キャピタルゲイン、インカムゲイン、タックスメリットの3つに分けられます。キャピタルゲインとインカムゲインは、投資対象国のファンダメンタルズによって変わってきます。タックスメリットは、それぞれの国の税制の違いを理解する必要があります。

特に日本に居住しながら投資を行っている場合、海外不動産の税金は現地での納税と日本国内での納税の2回に分かれます。それぞれでどのような税金がかかるかは、理解している人が意外に少なく、税務申告時の問題になることが多いため、第5章で全体のフレームワークをまとめました。

海外不動産投資というと難しい投資、リスクの高い投資というイメージがありますが、やり方次第でハードルを下げることができます。最近では、投資初心者でも新興国のスタディツアーに参加し、投資を始める人も出てきています。とは言え、正しい知識を持たないと大きな後悔をすることになりかねません。

本書を活用し、現地を実際に視察することで、海外不動産投資の成果を高める人が1人でも多くなれば、著者として最高の喜びです。

2014年4月　目黒の自宅にて

内藤　忍

【タイ】TAKARA REAL ESTATE Co. Ltd（タカラホーム）
タイにおいて、アパート、マンション、サービスアパートメント、コンドミニアム、オフィス、商業施設、工場用地等の賃貸・売買仲介、物件管理を展開。現地日本人や駐在者の顧客を多数抱え、管理物件については現地日本人等の賃貸付けにも強みを持つ。タイ地場のデベロッパーと合弁で地方都市に日本人街建設のプロデュースも行う。

【カンボジア】アンナキャムパートナーズ株式会社
カンボジアの首都プノンペンの女性社長、荒木杏奈氏が代表を務める投資（金融・不動産）コンサルティング会社。投資関連以外にも現地視察サポートや、日本企業のカンボジア進出支援、そして顧客のアセットマネジメント（賃貸管理等）も手がけている。ブログ『カンボジアアンナのプノンペン女社長日記』も好評を博す。

【バングラデシュ】株式会社クリエイティブ
日本在住のバングラデシュ人、ホセイン・カマル氏が代表を務める、バングラデシュの市場調査、進出支援、マーケティング、不動産投資紹介を行う専門企業。日本人投資家に多数の不動産投資アドバイスの実績を持つ。

第5章
【各国税制】タクシア会計事務所
税理士、木村三恵氏が代表を務める会計事務所。海外不動産を保有する個人・法人の国内税務対応を数多く手がける。「攻める税理士」として、確定申告業務をはじめ、投資家へのアドバイスを行っている。

情報提供・協力会社一覧

第3章

【テキサス】Oyster Real Estate Investments, Inc.

サンフランシスコ在住の日本人投資家、芝山元氏が代表を務める。国内外に広く顧客を持ち、不動産購入・投資戦略をサポートしている。テキサス州オースティンとコーパス・クリスティを主な投資エリアとし、市場価格を下回るバリュー物件の発掘に定評がある。

【カリフォルニア】リーバンズコーポレーション

カリフォルニア州ロサンゼルスのトーランスに本社を置く、不動産、保険、証券等の総合ファイナンシャル会社。2002年の設立以来、不動産についても豊富な販売・仲介実績を持ち、物件管理も多数。信託活用など不動産保有にかかる関連アドバイスにも強み。

【ハワイ】株式会社Seven Signatures International

トランプ・タワー・ワイキキ、ザ・リッツ・カールトン・レジデンス・ワイキキビーチに代表される「ホテルレジデンス」の取扱いを、いち早く日本で展開。世界の5スターホテルとパートナーシップを結び、レジデンス案件等の販売および開発を行っている。

第4章

【マレーシア】フォーランドリアルティネットワークジャパン株式会社

マレーシア不動産、シンガポール不動産を中心に、海外不動産の紹介、現地視察サポート、購入手続きや住宅ローン申請のサポート、各種コンサルティング等を展開。マレーシア拠点には顧客専用のラウンジも併設。現地で購入者向けアフターフォローを行っている。

【フィリピン】Philippines Foreland Realty Network, Inc.

フォーランドリアルティネットワークジャパン株式会社の関連会社。フィリピン不動産投資に関するコンサルティングとサポート、実際の購入手続きや売却・管理などに関する各種サポートを行っている。

内藤 忍（ないとう　しのぶ）

1986年、東京大学経済学部卒。MITスローン・スクール・オブ・マネジメント卒（MBA）。1999年に株式会社マネックス（現マネックス証券株式会社）の立ち上げに参加。2013年に株式会社資産デザイン研究所を設立し、代表取締役社長に就任。自らも投資家として活動する一方、資産運用に関する講演、セミナー、執筆活動など多方面で活躍する。また、一般社団法人海外資産運用教育協会の代表理事として、資産運用の重要性を広めるべく、人材育成にも力を入れている。主な著書に、シリーズ累計12万部を超える『〔第3版〕内藤忍の資産設計塾』（自由国民社）の他、『内藤忍 お金の話をしませんか？』（日経BP社）、『60歳までに1億円つくる術』（幻冬舎）などがある。

1996年から続く、公式個人ブログ「Shinoby's World」は、毎日更新。毎週金曜日には「資産デザイン研究所メール」（無料）で、資産運用に関する最新情報を配信中。

GTAC（ジータック）

株式会社幻冬舎総合財産コンサルティング（GENTOSHA TOTAL ASSET CONSULTING Inc.）の略称。出版社グループの強みを生かした最先端の情報収集力と発信力で、「中立」「斬新」なサービスを提供。相続・事業承継対策からM&A、国内外の不動産活用といった手法を駆使し、顧客の財産を「防衛」「承継」「移転」するための総合的なコンサルティングを行う。編著に『スゴい「節税」』『オーナー社長のための税金ゼロの事業承継』『オーナー社長のための会社の売り方』（いずれも幻冬舎メディアコンサルティング）など。

黄金律新書　001

究極の海外不動産投資

二〇一四年四月二五日　第一刷発行

著　者　内藤 忍 ＋ＧＴＡＣ

発行人　久保田貴幸

発行元　株式会社　幻冬舎メディアコンサルティング
〒一五一-〇〇五一　東京都渋谷区千駄ヶ谷四-九-七
電話〇三-五四一一-六四四〇（編集）

発売元　株式会社　幻冬舎
〒一五一-〇〇五一　東京都渋谷区千駄ヶ谷四-九-七
電話〇三-五四一一-六二二二（営業）

装　丁　幻冬舎メディアコンサルティング　デザイン室

印刷・製本　シナノ書籍印刷株式会社

検印廃止
© SHINOBU NAITO, GENTOSHA TOTAL ASSET CONSULTING Inc.,
GENTOSHA MEDIA CONSULTING 2014
Printed in Japan　ISBN978-4-344-97041-0　C0233
幻冬舎メディアコンサルティングＨＰ　http://www.gentosha-mc.com/

※落丁本、乱丁本は購入書店を明記のうえ、小社宛にお送りください。送料小社負担にてお取替えいたします。※本書の一部あるいは全部を、著作者の承諾を得ずに無断で複写・複製することは禁じられています。定価はカバーに表示してあります。